ハンカチは5枚あればいい

「もう使わない」ものだけ手放す、60歳からのハッピーお片づけ講座

整理収納アドバイザー
阿部静子

すばる舎

はじめに

こんにちは。整理収納アドバイザーの阿部静子と申します。

私は、地元・仙台でお片づけの講座やセミナー、ご自宅に伺う片づけサポートなどを行っています。

これまで５０００名以上にご参加いただいていますが、その7割が60代以上のシニア世代です。掃除や料理などは得意な世代ですが、片づけに関しては悩んでいることも多いようで、よくこんな声を聞きました。

「どこから片づけていいかわからない」

「何度も片づけに失敗している」

「ものがなかなか減らせない」

若い方や子育て世代への片づけ情報はたくさんありますが、シニア世代に向けたものは意外に少ないとか。「子どものおもちゃがたくさんある」「家族４人のものを収納したい」などの悩みに答える片づけ法は、シニアの暮らしには合わず、参考にならないようです。また、主婦歴が長いためか、「今さら、片づけが苦手だと言えない」というように、コンプレックスになっている場合もありました。

私が片づけのプロとして活動を始めたのは、50歳を間近にした頃から。アドバイスをしているシニア世代よりは、少し後輩ですが、「ものが多く、捨てられない」という思いはよくわかります。

というのは、私自身が、以前は「ものが多くて、片づけが苦手」と思っていたから。20代から地元・仙台でフリーアナウンサーとして活動していた私は、仕事柄もあってか洋服が多く、クローゼットは常にパンパン。「片づけなくては」と思いながら、片づけられない自分にストレスを感じていました。

その後、結婚して娘が誕生するなどのいくつかの転機を経て、「整理収納アドバイザー2級」を取得し、片づけ始めました。そして、東日本大震災を経験。以前に比べてものが少なくなったわが家は、被害も最小限で済み、後片づけもラクでした。「片づけは身を守る」ことを、実感した出来事でした。

49歳のとき、体調不良のために、フリーアナウンサーを休業せざるを得なくなりました。自宅療養の間に、何かできることはないかとトライしたのが、「整理収納アドバイザー1級」の資格取得です。

フリーアナウンサーでもある私にとって、「片づけた先にあるハッピーを多くの方にお伝えする」ことが使命だと感じられ、片づけのプロとして、すぐに活動を始めました。

私の片づけの講座やセミナーは、最初はシニア向けではありませんでした。でも、シニアの参加者が増えて悩みを聞いているうちに、「シニア世代の暮らしにあった片づけ法がある」と気がつきました。

多くの60代以上の受講生さんの悩みは、「とにかくものを減らしたい」。仕事、家事、子育て、介護でずっと忙しくしていて、家の中にものはあふれているようです。

そして、「時間ができた今だからこそ、家をスッキリさせたい」「自分に何かあったとき、子どもに家を片づけてもらうのは申し訳ない」と、真剣に片づけたいと思って、私の講座やセミナーに参加されていました。

私がおすすめする、シニア向けの片づけ法は「収納する前に、ものを減らすこと」です。

なぜ、ものを減らすことが大切かというと、そのあとの収納がとてもラクにできるからです。１００個のものよりも50個のものを収納するほうが、難しいテクニックがなくても誰でも簡単にできます。

これは、元片づけが苦手だった私自身も経験したこと。まず、ものを減らし、そのあと収納をすると、高度なテクニックがなくても整うことがわかりました。

そして、一度、収納が整うと使いやすさを実感。片づいた空間にハッピーを感じ、もう元のごちゃごちゃ状態に戻りたくなくなります。だから、ものを増やさなくなり、リバウンドせずにスッキリが続くのです。

「ものは減らしたいけど、なかなかできない」と思っている方も多いと思います。私の講座に来るシニアの方々も最初はそうおっしゃることが多いのですが、講座に参加するごとに、ご自分でどんどんものを減らせるようになります。私が「こんなにうまくいくなんてすごい」と驚くくらい、みなさんの変化を感じます。

そして、多くの60代以上の受講生さんが「ものが減って、家がスッキリして暮らしやすくなりました。早く片づけ始めて本当によかったです」とおっしゃいます。

さらにその後、新しい趣味を始めた方、夫婦仲が良くなった方、老後の不安が少なくなった方……、それぞれの人生がハッピーで前向きになっているのには驚かされました。

ハッピーを実感した方々に、後悔やリバウンドはありません。そんな体験から、私はシニアの方々に、一刻も早く「片づけという重荷」をおろして新しい自分に出会ってほしいと思い、この本を書くことを思い立ちました。

本書では、私が開催している「ハッピーお片づけ講座」で多くの受講生さんに共感を得た、「ものを減らす方法と収納法」を元に紹介しています。読者の方がご自宅に置き換えて片づけられるように、私が隣でアドバイスしている気持ちで綴っています。片づけが苦手でご自分を責めている方も、やり方さえわかればきっと片づけられます。人生100年時代の今、この本がみなさんの「もうひと花咲かせる」きっかけになり、暮らしが、そして人生が変わる一助になれば幸いです。

PART 2

ストレスナンバー1の「クローゼット」は早めに解決

PART 3 毎日使う「キッチン」で使いやすさを実感する

PART 4

「リビング」を片づけて家全体を心地良い雰囲気に

PART 5 楽チン「洗面所・浴室」はサクサク終わらせる

PART 6 難関「押し入れ・納戸」の片づけは一番最後に挑戦

ブックデザイン　小口翔平＋大城ひかり＋加瀬梓（tobufune）
撮影　回里純子
編集協力　大橋史子（ペンギン企画室）
編集担当　水沼三佳子

序章

始める前に読んでほしい「もう使わないものだけ手放す」5ポイント

01
「スッキリした家で何をしたい？」楽しいゴールをイメージする

多くのシニアの方々は、ものを減らしたい、家をスッキリさせたいと思い、今まで何度も片づけにトライしています。片づけや収納の本をたくさん読んで、勉強もされています。けれども、なかなかうまくいかないようで、私の講座やセミナーに参加されます。

何度も失敗しているから、

「なぜ私はものを捨てられないのかしら。片づけられないダメな自分が嫌」

と、自信をなくしている場合も少なくありません。そして、「ものを減らして、片づけること＝苦しいこと」と、苦手イメージを持ってしまっています。

そこで、私は**講座の最初に、「スッキリした部屋で何をしたいですか？」と質問を**

するようにしています。 みなさんは、「そんなこと考えたことなかった」というような顔をされ、なかなか答えることができません。

私が「お菓子作りをしたい、手芸をやりたいと言う方が多いですよ」と少しだけきっかけを作ると、「ホッとできる空間にしたい」「人を呼びたい」「手芸を再開したい」など、スッキリした部屋でしたいことを想像できるようになります。

さらに、「好きな音楽を聴きながら、おいしいコーヒーが飲みたい」「ものを減らして床が見えてきたら、マットを敷いてストレッチをしたい」など、徐々に前向きな発言が出てきます。なかには、「片づけて、家族を驚かせたい」なんて方もいます。

◌ やりたいことを考えるとワクワクする

家を片づける作業、とくに、ものの要不要を判断し、ものを減らすことは時間がかかるので、やりたくないなと思うのも無理はありません。

そこで、まず作業を始める前に、片づけた後の快適な暮らしを想像してもらいます。ものを減らす目的は片づけることではなく、その後の快適な暮らしなのです。だから、「スッキリした部屋で何をしたいか」を考えることが、とても大切。

ものが少なくスッキリした新しい暮らしを想像すると、ワクワクした気持ちになります。**ものを減らすことは苦しいことではなく、楽しいことだとイメージを変えてほしいと思います。**

なかには、「お菓子作りをしたいと思っているけど、まだわかりません」と真面目に考えてくださる方もいますが、片づけ後に実際にやらなくても大丈夫です。ものを減らすことが苦しいものだとするイメージを変えるためのメソッドなので、やりたいこと、やってみたいことを自由に考えてみてください。

02

収納する前にものを減らす。必ず成功する「2つのコツ」

実際に片づけを始めるときに、まずは、収納用品を買いに行こうと考える人が多いと思います。私が講座で「収納用品は先に買わないでください」と話すと、多くの受講生さんはびっくりされます。

収納用品を買う前に、やってほしい大切なことがあります。それは、**もう使わないものを手放す**ことです。なぜなら、たくさんのものを収納するよりも、少ないものを収納するほうが簡単で、高度なテクニックは必要ないからです。

収納用品を買うのは、ものを減らした後です。私がご自宅に伺う片づけサポートの相談者の、シニア世代の多くは、ものが少なくなったら手持ちの収納用品で間に合い、新たに買わずに済んでしまうことがほとんどです。

読者の方の中には「ものを減らしたいけれど、なかなかできない」と思っている方も多いはずです。それどころか、「それができたら苦労しない」と諦めモードの方もいるかもしれません。

そこで、私は「ものを減らすコツ」はこの2つだとお話ししています。

- **思い出のものから始めない**
- **要不要を迷うものは手放さなくていい**

◌ 片づけが嫌にならないこともポイント

「写真やアルバムはどう片づけたらいいのでしょうか」。これは、講座で必ず質問されることです。他にも、「亡くなった母が作ってくれた手芸小物を捨てられません」「子どものものが処分できない」という方もいます。誰でも思い出のものは、なかなか決心がつかずに手放せません。

だから、私は「思い出のものは一番最後に片づけること」と提案します。**「ものが減らせない」「片づけが苦手」と思っている方の多くは、思い出のものから始めて**

迷ってしまい、片づけが嫌になってしまいます。

また、「ものを減らさないといけない」と強迫観念に駆られ、要不要を迷っている思い出のものを処分してしまい、後悔してしまうことがあります。これも、片づけが嫌になる原因。**手放す決心がついていないものは、処分しないようにしましょう。**

迷っているものは手をつけず、他の場所から片づけることをすすめています。迷わず片づけられる場所は、たくさんあるからです。

ところで、講座で「思い出のものが捨てられない」という質問と同様に多いのは、「夫の趣味のものがたくさんあります。どうしたら捨ててもらえますか？」など家族のものに関することです。私は、今までの受講生さんの様子から、こんなふうにお答えします。

「自分が片づけ始めたら、家族が協力してくれたという受講生さんからのご報告が驚くほど多いです。まずは、自分のものを片づけることを始めましょう。楽しく片づけていると、家族にも連鎖していくのだと思います」

家族みんながハッピーになれる、そんな家を目指したいですね。

手放しやすいものから減らして「私にもできた」と自信をつける

03

では、何から減らせばいいのでしょうか？　**最初に減らすのは、思い出や思い入れのないものです。**

たとえば、キッチンの引き出しを占領している、コンビニでもらった割り箸やスプーン、冷凍庫にいっぱい入っている保冷剤。これらは、とくに思い出がないので、必要な数だけ残し、余分なものは迷わずに手放すことができます。

それから、パントリーの中の賞味期限が切れた食材、下駄箱の中の傷んだ靴、ペン立ての中のインクが出ないボールペンなど、明らかに使用するのが難しいものは手放す決心がつきやすいです。

まずは、**要不要の判断をしやすいものから手放していくと、「私にも手放すことが**

できた！」という自信がつきます。自信がつくと迷わなくなり、他のものもどんどん手放せるようになるのです。

ものを手放すときは、まずリサイクルできるかを考え、難しい場合は自治体のルールに従って処分します。

◌「迷い箱」はおすすめしない

多くの片づけの本で、ものを要不要に分けるときに、どうしても判断できないものは迷い箱に入れるといいと紹介されています。良いアイデアではありますが、私は、**片づけが苦手な初心者さんに迷い箱はおすすめしません。**選択肢はシンプルなほうがいいと思うからです。それに、迷い箱を置くスペースを作らないといけないし、箱がいっぱいになったら管理するのも大変です。

前項でご紹介しましたが、要不要を迷うときは手をつけず、そのまま置いておきます。そして、ものを減らす経験を積んで自信がついたら、また戻って仕分けをするようにしましょう。手放しやすいものから始めて成功体験を重ねると、どんなものでも必ず要不要の判断ができるようになります。

家中のものが無理なく減らせる「片づける順番」がある

04

ものを無理なく減らすために、家の中には「片づける順番」があります。これは、私が講座やセミナーで指導したシニアの方々の意見を反映した順番です。

まず、**初めに片づけるのは玄関**です。空間がそれほど広くなく取りかかりやすいし、傷んだ靴、サイズが合わない靴など、迷わずに処分できるものがある場所。初心者さんが整理収納の基本を理解でき、片づけの弾みがつくので、最初にすることをおすすめします。

そして、**2カ所目はクローゼット**です。実は、私が玄関の次におすすめしたいのは、ものが少なめな洗面所だったのですが、講座の受講生さんから、「玄関の次はクローゼットを片づけました。ストレスナンバー1の場所を早めに終わらせて、スッキリしました」との報告が多数寄せられました。

必要なものだけしか置いていない、わが家のキッチンです。なるべくものは外に出さず、シンクで使うものはシンク下にしまうなど料理しやすく収納しています。

私はこの報告に納得し、「玄関で基本を理解しているので、少し難易度が高いクローゼットも片づけることができる。一番のストレスを早めに取り除くと、片づけモチベーションが上がる」と考え、2カ所目にしました。

3カ所目はキッチン。毎日何度も立つところですから、少し片づくだけでも快適さが実感できます。

キッチンは、今日は引き出し1段、翌日はシンク下など、小さいスペースから手軽に始められるのもいいところ。毎日1カ所なら無理なく作業ができ、どんどん片づけられる場所です。

4カ所目はリビング。家族が出入りし、色々な種類のものが混在しているので、難易度が高めの場所ですが、これまで玄関、クローゼット、キッチンと3カ所を経験し、片づけ力がアップしているので、うまくできるはずです。

◯洗面所でひと休みし、難関の押し入れに

5カ所目は洗面所・浴室。他の場所に比べ、ものが少なく、簡単に感じられます。ここで少しお休みをし、最後の難関、**6カ所目の押し入れ・納戸**に取りかかります。ここは、思い出のものがたくさんある場所ですが、すでに片づけ力がついているので、必ずできるはずです。

順番は守ってほしいのですが、「キッチンばかりだと飽きるから、気分転換にリビングの引き出し1段をやろう」とか、「洗面所は簡単そうなので、リビングの合間にやってみよう」など、自分のやりやすい方法でアレンジしてもいいですね。でも、思い出のものや思い入れのあるものを最後にすることは、忘れないようにしましょう。

次章から場所別のコツを紹介しますので、実践してみてください。

05

一気にやらずに少しずつ。「1日5分1スペース」

片づける順番がわかったら、いよいよ始めましょう。ポイントは、一気にやらずに、1日5分1スペースなど、小さな場所を片づけてみることです。

多くの方が「いっぺんに片づけないといけない」と思い、一歩が踏み出せずに悩んでいる様子を見てきました。講座で受講生さんにそう話すと、「肩の荷が降りました」「気がラクになりました」とホッとした表情になります。

大切なのは、「片づけスイッチ」を入れること。引き出しひとつ、棚1段など小さいところなら、誰でも気軽に始められます。そうすると、「私にも片づけられた」と自信が持てる↓「片づけるとスッキリする」と効果を実感↓「片づけは楽しい」ともっとやりたくなる、というように良い流れを作ることができるのです。

そう思うようになればこっちのもの。「片づけの成功体験」を積めば、また片づけたくなり、そしてどんどん片づけられます。たとえば冷蔵庫なら、今日は1段目を片づけてみる。翌日は2段目を、翌々日は3段目と進めていけば、1週間ほどで片づけは完了します。「冷蔵庫の片づけは面倒」でも、「1日1スペース・1週間かけて完了する冷蔵庫の片づけ」なら、気楽にスタートできて続けられそうですよね。

◌やる気になったらすぐ始める

「1日5分1スペース」の片づけには、実はもうひとつ良さがあります。実践した受講生さんから、「時間があったので10分間やりました」「楽しくなったので、15分やりました」と報告を受けました。私がアドバイスしたわけでもないのに、自然にやる気になっていくようです。

そして、大切なのは、片づけたくなったらすぐに始めてみること。**この本を読んだら、さっそく「1日5分1スペース」をスタートしましょう。**

最後に、片づけられた自分を「すごいね」「がんばったね」と必ず褒めてあげてください。片づけを始めたみなさんは、本当にすごいのですから。

PART 1

まずは片づけの弾みをつける「玄関」からスタート

01 たたきに置く靴は「家族の人数＋1足」にする

家の中を片づけるとき、最初に取りかかるのは玄関です。前章でもお話ししましたが、初心者さんにはやりやすい場所です。コンパクトな広さで、短時間で終わるのもいいですね。**まずは、玄関のたたきに注目です。目につく場所なので、ここがスッキリすると達成感があります。「私にもできた！」と思うと、もっと片づけたくなるからです。**

みなさんのお宅では、たたきに靴は何足くらいありますか？　講座の受講生さんに同じ質問をすると、「2人家族で8足くらいあります！」「たたきいっぱいに、あるだけ全部靴を並べています！」と様々な声があがります。

「ただいま」と玄関のドアを開けたときに、靴がいっぱい並んでいたら疲れが倍増してしまいます。また、お客様がいらしたとき、初めて目にするのは玄関です。ドアを開けたときに、ご自身もお客様もハッピーを感じるようなスッキリした玄関にしたいですよね。

そこで、私が提案するのは、**たたきに置く靴を「家族の人数＋1足」にする**ことです。3人家族なら、3足＋ゴミを出しに行くサンダル1足にします。たったこれだけですが、玄関が一気にスッキリします。「家族の人数＋1足」以外の靴は下駄箱にしまいましょう（下駄箱に靴が入らないという方は、38ページを参照して下駄箱の靴を減らしてください）。たたきの靴を全てなくすことはハードルが高いと感じられますが、「家族の人数＋1足」ならできそうな気がしませんか。

◌ 家族には根気よく言い続ける

3人家族のわが家は、日中は私の靴とサンダルの2足、夕方以降に帰宅した家族がそれぞれ1足ずつを置き、「家族の人数＋1足」を守っています。家族には「靴を1足出したら1足しまってね」と伝えています。すぐには難しいかもしれませんが、あ

私の靴とサンダル1足がたたきに置いてある、わが家の玄関。傘立てには、家族3人分の傘と来客用のビニール傘1本が入っています。

きらめずに言い続けます。そのとき、まずは自分がやって見せることが大切。夫と娘も、やっとしまってくれるようになりました。

玄関のたたきの靴がなくなっただけで、玄関全体がスッキリ。ハッピーを感じる玄関になりました。

シニア世代にすすめたい理由が、もうひとつあります。たたきに所狭しと靴が並んでいると、避けようとして転倒、なんてことになりかねません。靴を減らすことは、玄関がスッキリするだけではなく、家の中での転倒事故を防ぐことにもつながります。

◌傘も「家族の人数＋1本」に減らす

「家族の人数＋1」を応用できるものは、傘立てなどに入っている傘です。プラス1本は来客用です。ひとり暮らしの受講生さんで、傘立てに10本入っているという方がいました。「傘を全部開いてみて、壊れているものは処分しましょう」と話すと、次の講座のとき、「10本中7本壊れていた」と報告があり、2人で笑いました。

また、4人家族の方からは「物置にある傘も数に入れるんですか？」というご質問をいただきました。全部合わせると30本くらい持っているそう。しまえる場所があると溜めがちです。30本から、一気に5本（家族の人数＋1）にするのは勇気がいることなので、「まずは開いてみて、壊れている傘を処分しましょう」とお伝えしました。

最初は無理をしないで、少しずつ進めるのも大切です。

「ビニール傘が増えてしまう」とお悩みの方もいますが、わが家ではビニール傘は増えません。家族みんなで、150グラムの軽量折り畳み傘を必ずバッグに入れているから、急な雨でもビニール傘を買わずに済んでいます。

「3年履いていない」ワクワクしない靴は最初に手放す

02

次は、下駄箱の中を見てみましょう。下駄箱に靴があふれていると悩んでいるシニアの方は多いと思います。まずは、長年履いていない靴を手放してみましょう。

私もずっと履いていないスニーカーが、下駄箱に入れっ放しになっていました。ブランドものだから手放せなかったのです。

ある日、まだ履けるかもと洗ってみたら、ゴムがボロボロとはがれてきて、やっぱりダメでした。靴の経年劣化を痛感し、手放しました。受講生さんからも、「一見傷んでいないような靴でもカビが生えていました」という話をよく聞きます。

「ものがなかなか減らせない」という方でも、長年履いていない傷んだ靴、かかとがすり減った靴なら手放せるはずです。**今履いている靴は、手放さなくても大丈夫で**

す。ずっと履いてない、下駄箱でスペースをとっている邪魔な靴を、思いきって減らしましょう。

受講生さんから、「靴が傷んでしまったけど、高かったし履きやすかったから手放せないのですが……」というご質問をいただきました。私も経験がありますが、フィットしている靴は手放しにくいですよね。しかも高価なものなら、なおさら。

でも、私なら手放します。傷んだ靴を履いていてもワクワクしないし、「人に見られたらどうしよう」と、外出している間ずっと気になるのもストレスです。買った当時は高価だったとしても、傷んで履いていないなら、今はその価値はありません。

もし「修理して履く」と決めたら、1カ月以内に修理に出しましょう。

手放すかどうか迷っている方には、「3年履いていないか」を確認することをすすめています。3年履いていないと、私のスニーカーのように素材が劣化していることがありますし、「足が痛くなる」など、履かない理由があるものだからです。

「おしゃれは足元から」と言いますが、傷んでいる靴や踵のすり減った靴を履いてもワクワクしません。

家族3人のいつも履く靴は、取り出しやすい手前の下駄箱に収納。身長に合わせて、一番下は娘、真ん中は私、一番上は夫と人別に分けています。あまり履かない靴や季節外の靴は、その隣の下駄箱に入れています。

以前、わが家を新築したとき、ハウスメーカーの営業さんがいつもきれいに磨いた靴を履いていて、「きちんと身だしなみを整えて来てくれている」とうれしかったものです（私のために磨いたのではないと思いますが……）。

逆に、素敵だなと思う人でも靴が傷んでいると、残念だなと思うことがありますので、私自身も気をつけています。

履いてなくてもワクワクする靴は手放さなくてもいい

ある受講生さんから「ピンヒールはもう履かないけれど、見るだけでワクワクするからとっておきたい。でも、下駄箱はぎゅうぎゅうで……」とご質問をいただいたことがあります。ピンヒールを3足お持ちでしたので、「どうしても残したい靴を1足だけ残し、あとは手放しませんか」とアドバイスしました。

今は履いていなくても、ワクワクする靴は無理に手放さなくていいと思います。でも、下駄箱がいっぱいなら、半分〜3分の1に減らしましょう。

これならワクワクを大切にしながらも、下駄箱がスッキリします。受講生さんも満足されていました。

靴はまず「全部出す」。その後、用途別に数を決める

03

さあ、ここからいよいよ下駄箱の収納の話に入っていきます。下駄箱は家族で共有だと思いますが、どなたの靴が一番多いですか？

「圧倒的に子どもたちの靴」だとおっしゃっていた受講生さんが、実際に下駄箱の靴を全部出してみたら、「自分の靴が一番多かった」とびっくりされたとのこと。ヘビ柄の靴だけで6足も出てきたそうです。

下駄箱から靴を全部出すことは、持っている靴の量を把握できるので大切です。受講生さんも「ヘビ柄の靴はそんなにいらない」と半分に減らすことができました。

靴を全部出したら、次は靴を減らします。前項の「3年履いていないワクワクしない靴は最初に手放す」を実行された方は、かなり数は減ったと思います。

さらに減らすためには、**靴を用途別に分けてみます**。そして、**用途ごとに靴の数を決める**のです。私の靴を例にあげてお話しします。

①仕事で履くヒールのあるパンプスを、ベージュ、黒、白で3足　②普段履きローヒール3足（1足は防水で雨の日兼用）　③ブーツ2足　④スニーカー1足　⑤サンダル1足（シーズン中は2足ありますが、夏の終わりに1足処分）　⑥葬儀用1足と、6種類で合計11足と決めています。

少し多めですが、私にとっては仕事とプライベートで必要な用途と数です。

ただし、決めた数から増えないようにし、新しい靴を買うときは必ず古い靴を処分してからにします。みなさんも、自分にとっての必要な用途と靴の数を決めてみてください。不要な靴がわかり、無理なく数を減らせます。

◌ 初心者さんでもできる、収納3ステップ

靴の数を減らしたら、収納です。数が少なくなれば簡単で、**人別（家族ごとに場所を決める）、頻度別に分けて入れるだけ**。シーズン中よく履く靴は、真ん中の取り出しやすい位置へ、シーズン外の靴・頻度の低い靴は上のほうに入れます。

下駄箱収納の基本3ステップをまとめてみます。

1　下駄箱の靴を全部出す

2　靴を要不要に分け、不要な靴を手放す

3　「人別」「頻度別」に分けて収納する

たった3ステップです。下駄箱の整理収納の基本がわかれば、家中のどの場所もやり方は一緒です。使いやすくなった下駄箱からワクワクする靴を選んで履けば、毎日ハッピーになること間違いなしです。

◌ 家族の靴は勝手に処分しない

自分の靴が減ったら、家族の靴の多さが気になってきます。でも、**家族の靴は本人に整理してもらうのがいいでしょう。勝手に処分するのはNG。**もし、自分の靴が家族に勝手に処分されたら、悲しいですよね。

家族がなかなかやってくれない場合でも、まずは自分の靴だけを整理して、きれいに収納してしまいましょう。使いやすい下駄箱を見た家族がつられて、自分で整理してくれるようになります。

04

「年代物の置きっ放し」は時が止まった玄関になる

「玄関の整理をしていたら、息子が使っていた虫カゴと虫取り網が出てきました」と60代の受講生さんがおっしゃいました。

「お孫さんのではなく、息子さんのですか？　息子さん、おいくつでしたっけ？」と聞くと、その方は恥ずかしそうに「40代です。30年以上前のものが出てきてびっくりしました」。長いこと、玄関に置きっ放しになっていたようです。

別の60代の方からは、「下駄箱の奥から子どもたちが使っていた浮き輪が出てきました」というご報告も。こちらの方のお子さんは30代で、やはり長いこと下駄箱に眠っていたようです。

他にも、「下駄箱から子どもの中学時代の古いテニスシューズが出てきた」「何年も使っていない靴磨きクリームがカピカピで見つかった」「下駄箱の上に飾ってある置物は、10年くらい前から動かしたことがありません」など、講座では玄関にある「年代物」の話で、とても盛り上がります。

◌ 年代物が玄関の風景になっていたら要注意

玄関には、靴や傘以外に色々なものがあります。もちろん、玄関で必要なものは置いておいてもいいのですが、**ずっと置きっ放しになっている「年代物」は手放しましょう。**

長い年月そこにあると風景のようになってしまい、「変だな？」と思わなくなるようで、講座で話して初めて気がついたという受講生さんが多いのです。

このように年代物が置きっ放しにされていると、「時が止まった玄関」になってしまいます。玄関は家の顔です。幸せは玄関から入ってきます。古いものを手放して風通しを良くして、「楽しい未来を呼び込める玄関」にしましょう。

玄関がスッキリすると変化が生まれます。

ある受講生さんは、ものがあふれた玄関を片づけたら、お花を飾りたくなったそう。ご近所さんが訪ねて来たときに、お花を飾った玄関を褒めてもらいました。それが励みになって、「もう元のごちゃごちゃした玄関には戻りたくない。花をずっと飾りたい」とがんばっています。

別の受講生さんは、片づいた玄関に、手作りの押し花をフレームに入れて飾り、「大好きなものコーナー」を作ったそうです。

「趣味の押し花はこれまでは飾る場所がなく、押し入れに入れたままだったのでうれしい。押し花が映える玄関にしたいです」と笑顔で話してくれました。

05

下駄箱の上に溜まる郵便物は「おしゃれなゴミ箱」で解消する

玄関に、毎日少しずつ溜まるものと言えば、何でしょうか？　それは、郵便物やダイレクトメールですね。他にもチラシなど、毎日何かしらポストに入っています。

私は以前、帰宅後、ポストから取り出した郵便物やチラシを、玄関にドサッと置いたままにして、何日も放置していたことがありました。受講生さんの中には「下駄箱の上に山のように積まれたものを見て見ぬふりをしています」なんて方もいました。

私の場合は、その続きがありました。数日後、郵便物やチラシをリビングのテーブルやキッチンカウンターにドサッと移動。あとで仕分けようと思っているうちに、1週間、10日と経過する。そうなると、溜まったものを仕分けるのが面倒になる。ときどき、大事な手紙が埋もれてしまったことも……。そんな悪循環になっていました。

そこで、悪循環を断つために、玄関にちょっとおしゃれなゴミ箱を置くことにしました。**不要な郵便物やチラシは家の中に持ち込まずに、玄関のゴミ箱に入れてしまう**のです。わが家の玄関はやや広めなので、白くて大きめのイケアのフタつきのボックスをゴミ箱として使用しています。

玄関の広さはそれぞれなので、邪魔にならないサイズのものを選んでください。

今では、帰宅したら玄関先で郵便物やチラシを、いる・いらないに仕分けます。そして、いらないものはゴミ箱へ（紙類は地域によって回収の仕方が違うので、お住いの地域のルールに従ってください）。

住所などの個人情報は、100円ショップの個人情報保護用スタンプで隠します。または、その部分を、読めないように切ってしまうなど工夫しましょう。

ポイントは、靴を脱ぐ前に仕分けてしまうこと。早く家に入りたいので、サクサク仕分けられるからです。必要な郵便物は1枚か2枚（全体の2割くらい）なので、家の中に持ち込むものはほんの少しで済むのです。

◌ 不要な郵便物やダイレクトメールを元から絶つ

玄関での仕分けをするようになったら、**郵便物の量を減らそうと意識する**ようになりました。お店でポイントカードを作らなくしたら、ダイレクトメールが減りました。ポイントカードでお財布がいっぱいになることもなくなり、一石二鳥です。

そして、通販カタログは電話で連絡してストップしてもらいました。必要なときは、また送ってもらうかネットで見るようにするつもりです。分厚いカタログがリビングの本棚やテーブルの上を占領することもなくなりました。

一度家に入ってきたものを手放すのは大変。だから、なるべく不要なものを家に入れないように心がけたいのです。

最後に、下駄箱の上をスッキリさせる裏ワザをひとつ。**郵便物などよけいなものを置かないように、大好きなお花や趣味のものを飾ってしまうのはどうでしょうか。**

下駄箱の上が片づいていなくても、あえて飾ってしまえば、それらが映えるようにしようと、片づけスイッチが入ると思います。そして、きれいに飾られた下駄箱の上を見ると、キープしたい……と思って、郵便物の置きっ放しがなくなるはずです。

06

「お出かけボックス」で外出がもっと楽しくなる

玄関のものを減らしてスッキリしたら、「お出かけボックス」を作ることをおすすめします。外出のときに必要なハンカチや帽子、マスクなどをひとまとめにして、下駄箱の中に入れたり、下駄箱の上などに置いておきます。

みなさんは、出かけようと思って靴を履いた瞬間に、「あ、ハンカチを忘れた」「帽子を忘れた」という経験がありませんか？　私も以前はよくありました。もう一度靴を脱いで部屋に取りに戻っているうちに、バスに乗り遅れるなんてことも。

受講生さんにお話しすると、「出かけるときに、あれはどこ?と探しものばかり。出かける前に疲れてしまうこともあります」という方もいました。

わが家では、玄関の収納に「お出かけボックス」を置いています。ハンカチ、帽子、エコバッグ、虫除けスプレーなど、出かけるときに必要なものを100円ショップのケースに入れて、用途別・人別に収納しています。

「お出かけボックス」のおかげで、出かける前にバタバタしなくなり、忘れ物もなくなりました。そして、身支度を5分短縮できるようになりました。

人によって必要なものが違うので、ボックスの中身を考えてみるといいですね。使うケースは、お菓子の箱や缶など何を利用してもいいのですが、フタがついてないほうが、何が入っているかすぐわかり、開ける手間が省けるのでおすすめです。

もし下駄箱の上に置くのなら、おしゃれなケースにすると玄関のインテリアにもなります。

◌ 便利なボックスで暮らしがますます快適に

「お出かけボックスを作って外出前にバタバタしなくなったら、外出が楽しくなりました」と受講生さんからの声がありました。

シニア世代は、外出が億劫になってしまうことがありますが、「今日は天気がいいから出かけてみようかな」と行動的になったそうです。もちろん、靴の数を減らし

玄関収納の中の「お出かけボックス」などの便利なボックス。100円ショップのケースで仕分けていますが、同じものにすると見た目もスッキリします。

て、選びやすくなったのも外出が楽しくなる理由のひとつですね。

他にも、玄関にまとめておくと便利なボックスをご紹介します。

スニーカーを洗うセット（バケツ、洗剤、ブラシなど）。クリーニング屋さんセット（洋服を入れるバッグ、ポイントカードなど）。お孫さんと遊ぶセット（ボール、お砂場セット、なわとびなど）。衣類ケアセット（帰宅したときに使う衣類用スプレー、ブラシなど）。荷造りセット（ビニールひも、ガムテープ、はさみなど）……。

何があったら便利か、色々考えてみてくださいね。

でも、順番を守ることは忘れないで。まずは、玄関のものを減らしてスッキリさせるのが先です。そのあとで、暮らしが快適になる便利なボックスを作って、玄関に常備しましょう。

PART 2

ストレスナンバー1の「クローゼット」は早めに解決

07

洋服を手放す目安は買ってから「3年・5年・10年」

PART2は、みなさんが一番悩まれているクローゼットの片づけです。私の講座に参加するシニアの方も、「クローゼットは洋服でいっぱいです」「洋服を減らしたいと思うけどなかなかできません」と口々におっしゃいます。

これまでお伝えしてきましたが、収納をする前に、まずはものを減らすことが大切です。クローゼットも同様で、**たくさんの洋服を収納するよりも、少ない洋服を収納するほうがずっと簡単で、高度なテクニックがいらない**からです。

そこで本章では、洋服を手放せるようになる、色々なコツをお伝えします。「何度も洋服を減らそうと思ったけど、どうしても減らせなかった」という方も、ぜひ阿部流のコツを試してみてください。必ず洋服を減らせるようになります。

まず最初に減らすのは、クローゼットの中に眠っている「何年も着ていない洋服」です。

みなさんのクローゼットにもありませんか？　受講生さんには「10年前の洋服があります」と言う方も多く、なかには「30年前のものもあるんです」と告白される方も。今後も着る機会はないとわかってはいても、なかなか手放せないようなのです。

そこで、私がおすすめするのは、**「〇年着ていない洋服は手放す」という目安を決めること。つまり「洋服の賞味期限決め」です。**

講座に参加している、60代以上の受講生さんに「着ていない洋服は何年で手放しますか？　3年、5年、10年の3つの選択肢から選んでください」と聞いてみます。5年前、10年前の洋服でも、今着ているものは手放さなくて大丈夫です。対象はあくまで「着ていない洋服」です。それから思い入れの強い洋服も、手放さなくて大丈夫。賞味期限を決める洋服は、「ずっと着ていない、なんの思い入れもない洋服」なのです。

私の質問に、3年と答える受講生さんは少数派で、周りから「すごい！」という声が出ます。5年、または10年と答える方が圧倒的多数。「10年間、クローゼットで寝かせていたなら手放してもいいかな」と思うようです。

◌ 洋服の賞味期限は自分で決めていい

「洋服の賞味期限を自分で決めて実行する」ことが大切なので、10年を選んでも全く問題ありません。**具体的な年数を決めると、目安になり手放しやすくなる**ので、ぜひ、やってみてください。

実は、「洋服の賞味期限」の話には続きがあります。私は様々な年代の方に向けて、お片づけ講座を行っていて、同じ質問をしています。

20〜50代の方には、「着ていない洋服は何年で手放しますか？　1年、3年、5年の3つの選択肢から選んでください」と内容を変えて聞いています。20〜30代は1年もしくは3年を選ぶ方が多く、40〜50代は3年もしくは5年が大多数を占めます。どちらの年代も、5年と決めた方はちょっと恥ずかしそうにされます。

60代以上になると、この3つの選択肢では決まらないのです。20〜30年前の洋服を持っている人も多く、なかなか手放すことができないからです。そこで60代以上の方の講座では選択肢を変更し、10年という特別ルールを作っています。

下着の賞味期限はブラジャーは2年、ショーツは1年

最後に、毎日着ける下着の賞味期限についてお話しします。私はブラジャーではなく、カップつきインナー愛用派。冬はヒートテック2枚、春・夏は速乾性のもの2枚をローテーションしています。全部で4枚だけ。少なくて驚かれますが、困ったことはありません。けっこう丈夫なのですが、賞味期限を2年にしています。

ショーツの枚数は4枚。こちらの賞味期限は1年未満。収納場所もとらないし、いつも状態の良いものを身につけられます。

下着は、意外に丈夫で長持ちし、取り替え時期を悩むもの。だから、賞味期限の目安を作っておくといいですね。もちろん人によって違うと思いますが、迷うときは、ブラジャー（もしくはカップつきインナー）は2年、ショーツは1年と決めてしまいましょう。まずは、これでスタートし、自分なりの賞味期限がわかったら、変更していくといいですね。

08

やせたら着る洋服は手放して「ご褒美服」を買おう

「やせたら着ようかと思って……」という声は、どの講座でも必ずと言っていいほど聞かれます。そして、会場からは毎回「わかる！」の声とともに、どっと笑いが起こるのです。片づけサポートでご自宅に伺うと、「やせたら着ます」という洋服がたくさん出てきます。

みなさんの気持ち、よくわかります。私も若いときに比べて、洋服のサイズは上がっています。

この間も、昨年まで着ていた仕事用のワンピースとジャケットが、残念ながらきつくなりました。「そんなわけがない」と思って（思いたくて。笑）着たものの、ジャケットは前のボタンが苦しくて、ちょっと力んで話したら飛んでいきそう。ボタンの位置を少しずらしましたが、限界に達しました。ワンピースは肩周りが動かしにくく、講座のときに手を上げたらビリッと音が聞こえそうです。そして、ぴったりしたお腹周りも気になります。

私は50代ですが、ダイエットしてもすぐにはやせなくなってきました。きつくなった洋服が、いつ着られるかわかりません。それならデザインが古くなる前に、誰かに着てもらったほうがいいと思って、リサイクルショップに出しました。

以前、受講生さんで、「やせたら着る」と古い洋服を手放さなかった方が、見事ダイエットに成功されました。そこで「手放さなかったあの洋服、着ていますか？」と聞くと、「もう古い洋服は着る気がしなくて……」と答えられました。そして、「せっかくやせたので、新しい洋服をご褒美に買いました」と明るく話されました。

やせてきれいになったら、古い洋服ではなく、**自分へのご褒美に新しい洋服を買ってあげてください**。ダイエット中に、「やせたら、新しい洋服を買おう」を目標にすると、モチベーションも上がるはず。

だから、「やせたら着る」という洋服は、迷わず手放しても大丈夫なのです。

09

「昔流行した洋服は3着」に！過去より未来に進むきっかけに

手放せない洋服の中に、「昔流行した洋服」があります。たとえば、大きな肩パットの入った洋服が、クローゼットに眠っていませんか。

私はバブル世代で、肩パット入りの洋服を着ていたひとり。「肩パットを外せば、着られるかも」と思い、一度やってみたことがあります。

ところが、けっこうしっかり縫いつけられていて、外すのが大変。ようやく外せたものの、肩のデザインは盛り上がったまま。肩パット入りが前提なので、外しても肩周りが強調された古いデザインなのです。もう着られないとわかり、手放しました。

昔流行した洋服が手放せない理由は2つあります。1つ目は楽しかった20～30代、あの時代はよかったなあと懐しむ「あの頃への思い」です。私もバブル時代、ただただだ楽しく過ごしていたので、気持ちはよくわかります。

2つ目の手放せない理由は、また流行が巡ってくるかもしれないという「淡い期待」。受講生さんの中には、「洋服の流行は10年くらいで、また巡って来ますよね。だから残しておきます」とおっしゃる方がいました。

でも、10年間クローゼットに入れたままにするのは、ちょっと長いですよね。その間、クローゼットのスペースを占領し、新しい洋服を入れることができなくなります。また、たしかに似たようなデザインは巡ってきますが、比べてみると襟の形が違っていたり、丈が長くなっていたりと、新しいものは少し違っています。全く同じものが流行ることはないと考えると、手放しやすいと思います。

全部手放さなくても大丈夫

ただ、楽しい思い出が詰まった洋服を手放すのはなかなか難しいものです。そこで私は、**「全部手放さなくて大丈夫です」とお伝えします。そのうえで、「とくにお気に入りを3着厳選して残し、あとは手放しませんか」と提案します。**

手元にあるのが5着でも、10着でも考え方は同じです。残すものを1着だけ選ぶのは難しいから、3着にするのです。講座でも「それなら私でもできそう、やってみます」と、受講生さんにも好評でした。

それでも、「輝いていたときの思い出だから」「給料1カ月分で買った洋服だから」と、どうしても手放せないものもあります。そんな場合は、無理をしないで。思い出のものは最後に回しましょう。

昔流行した、着ていない洋服がクローゼットを占領していると、新しい洋服を入れることができません。だから、思いきって数を減らして、クローゼットのスペースを空けましょう。空いたスペースには、今の自分に似合う洋服を招き入れます。

楽しかったあの頃を懐かしむのではなく、新しい洋服を着て今をもっと輝かせましょう。クローゼットを整理するだけで、「過去より未来に向けて進む！」と思えて毎日がハッピーになるはずです。

クローゼットの洋服は、見やすくて取り出しやすい、吊るす収納が基本です。余裕があるので、収納ケースにお雛様を入れてしまっています（写真右下）。

10

高かったのは当時の価値。今不要なら「価値はゼロ」

「高かった」という理由で手放せない洋服はありますよね。もう着ていなくても、「1万円以上はした」とか「すごく高くて買うのに迷った」などと買ったときの値段が頭をよぎってしまいます。

私が同じ理由で手放せなかったものは、海外旅行先のグアムで記念に買ったブランドのコートです。何年も着ていなかったのに、「買ったときは高かった」と思って、なかなか手放せませんでした。

最近、クローゼットから出してみたらシミを発見。クリーニング店に相談すると、シミ取りの金額が高いうえに、落ちるかどうかわからないとのこと。着ていないのに、高いクリーニング代を払うことになるとは……とガッカリしていました。

思いきって、そのブランドのコートをリサイクルショップに持って行ってみたら、シミがあっても買い取れるとのこと。でも、買い取り金額は、買った値段の10分の1。迷いましたが、高かったのは当時の値段で、今の価値はその値段なのだと考え、ありがたく買い取っていただくことにしたのです。

クローゼットのスペースが空いたうえに、気持ちもスッキリ。今の自分に似合う新しい洋服を買うことにしました。

◌ 値段が安くても、今の自分に合ったものは価値がある

冬のコートは値段が高いので、手放せない洋服の上位です。多くの受講生さんは8~10着持っているそう。でも、たくさん持っていても、毎年着るのはその中の1~2着。「高かったから」と、着ていなくても手放せない。でも、クローゼットの中でスペースをとるので、できれば減らしたいと、悩んでいるようでした。

ブランド品や良い素材など、買ったときは高かったコートだとしても、**今着ていないなら価値はゼロです**。ずっと着ていないということは、デザインが古い、サイズが合わない、着心地が悪いなど何か理由があるはず。高かったからと無理して着ても、素敵に見せてくれないのなら、着ないほうがいいですよね。

逆に値段が安くても、今気に入ってよく着ているコートなら、それは自分にとって価値があるものです。デザインやサイズなど、今の自分を素敵に見せてくれるので、値段以上の価値があります。

◌ 今着ていなくても、残しておいていい例

今着ていなくても、すぐに手放さなくていい、例外があります。それは、黒、紺、グレーなどのベーシックな色で、デザインがシンプルなコートです。

ある受講生さんから「暖かくて、とても良い素材の濃紺のコートですが、デザインが古くて何年も着ていないから、手放したほうがいいでしょうか？」と相談されたことがありました。私は「お悔やみのときに着る冬のコートはありますか？　濃紺のコートなら代用できますよ」と答えました。

この方は、今まで冬のお葬式に参列したことがなく、黒いコートは持っていないとのこと。そこで、黒いコートを買うまでの代用品として残しておくことにしました。

とはいえ、この場合はあくまでも新しいコートを買うまでの代用品です。新しいコートを買ったら、手放しましょう。

11 要クリーニングの洋服は5着あればいい

60代のセーター好きの受講生さんで、30着くらい持っている方がいました。「でも、結局着ているのは家で洗えるものだけです。クリーニング代がかかってもったいないから……」とおっしゃいました。この発言に、他の受講生さんも大きく頷いていました。30着のセーターのうち、要クリーニングのものは半分くらいだそう。

そこで、「15着の要クリーニングの中から、とくにお気に入りを5着残してみませんか？」と提案しました。数カ月後には、その受講生さんから「5着にすることができました」と報告がありました。

実は以前、同じようなご相談のときに、私は「5着くらいに減らしましょう」と答えたことがありました。その受講生さんは、減らすことができませんでした。

私が「減らす」と言ってしまったので、「減らす＝処分」とマイナスに考えてしまったのだと思います。私は反省して、それからは**「大事なものを選んで残しましょう」**とお伝えするようにしています。これなら、前向きな気持ちで5着選ぶことができます。

ところで、どうして「5着」なのでしょうか。全部手放してしまうと、あとで後悔する可能性があります。でも、着ていないセーターを10着残すのは、クローゼットの中でスペースをとりすぎてしまう。

着ていない洋服の3分の1を目安にした5着なら、後悔もしないし、クローゼットでも省スペースで済む、最小限の数だと思います。

だんだんものが減らせるようになると、もう要クリーニングの洋服は着ないからと、手放せるときが来るはずです。

受講生さんから、「着ていないお出かけ着は質が良いので、いつか部屋着にするからとっておく」という声も聞きます。もし、本当に家で着るならば、それも良いアイデアだと思います。

でも、要クリーニングのお出かけ着は、素材もデザインも家でリラックスするときに着るには適していないものが多いです。ゆっくりとテレビを見るときに、お出かけ着ではくつろげません。みなさんからも、「結局、家では着ていません」という報告が多数。だから、その役割を終えた洋服は、手放すほうがいいかなと思うのです。

家で洗えるものが増えたので、今後はそれを選ぶ

私は、要クリーニングの服を1着も持っていません。洋服を買うときの基準は「家で洗えるかどうか」だからです。

もっと若かった頃は、デザイン優先で選び、要クリーニングでも気にしませんでした。けれども、年齢とともに価値観は変わるもの。クリーニング屋さんに持っていくのも手間だし、お金がかかります。そして、家で水洗いできるほうがさっぱりと着られます。

最近は、おしゃれ着も家で洗濯できるものが増えて、便利になりました。私は仕事で着るスーツ、ジャケットも家で洗濯しています。

12

習い事で着る「トレーニングウェアは3セット」

講座の受講生さんに「トレーニングウェアは何着お持ちですか?」と質問をすると、みなさん、「ハッ!」とした顔をされます。ウォーキング、スイミング、ヨガなど、健康のために定期的にスポーツをされているシニアの方は多いです。

クローゼットの片づけ=洋服の整理と思っていて、トレーニングウェアは盲点。私の質問で、たくさんあることに気がついたようなのです。

受講生さんからは「ジムで着る上下のセットが10着はあると思います」「私はスイミングで着る水着が7着はあります」などとお答えが返ってきます。

新しいウェアを買うと、気分一新でやる気になるものです。トレーニングウェアをたくさん持っていても、全て着ているなら手放す必要はありません。でも、よく話を聞いてみると、「古いものは着ていない」という方が大多数。これでは、クローゼットがトレーニングウェアだらけに。そこで、「1着買ったら1着手放す」というシンプルなルールを作ります。そうすれば、これ以上増えることはありません。

◌ 洗濯しても乾きが早いから、少ない数でも大丈夫

すでにクローゼットを占領するくらいトレーニングウェアを持っていたら、数を絞りましょう。私は以前スポーツジムに通っていましたが、トレーニングウェアは夏は短パンに半袖Tシャツ、冬は長いパンツに長袖Tシャツにし、トップスは普段着と兼用、パンツのみ夏冬あわせて3本と決めていました。

週3回通っていましたが、足りなくなることがありませんでした。もし、毎日通っていたとしても、**トレーニングウェアは洗濯しても乾きが早い、機能的なものが多いので、3セットあれば十分だと思います。**水着は1年中同じもので大丈夫なので、3着あれば十分ではないでしょうか。

新しいトレーニングウェアを買って、スポーツを楽しむのは大賛成です。だから、着なくなったウェアは手放して、クローゼットをスッキリさせましょう。

13

迷っている洋服の最終手段は「実際に着て鏡で見る」

ここまで、今着ていない洋服の手放し方を、色々お話ししてきました。それでもやっぱり、手放す決心がつかない洋服があったら、**実際に手に取って顔に当て、鏡で見てみます。それでもまだ迷うなら、実際に着てみましょう。**

鏡に映った自分を見て、「ちょっとイマイチだな」「似合っていないかも」と、しっくりこないと感じたら、手放す決心がつきます。それに、実際に着てみると、「キツくなったな」とサイズが合わないこともわかるのです。

これは私も経験があります。ずっと前に買ったお気に入りのワンピース、最近あまり着ていませんでした。ある日、久しぶりに着てみたら、なんだかイマイチ。鏡に映った自分を見て、「いかにも若作りだな」と恥ずかしくなりました。

小花柄で襟の部分に少しフリルがついたワンピースは、今の私には似合いません。膝が少し見える丈も年齢的に厳しいと感じ、手放すことにしました。

また、以前は似合っていた色が、難しくなることがあります。私は顔周りが明るくなるピンクの洋服が好きで、薄いピンク、濃いピンク、サーモンピンクなど、色合いの違うピンクのものを数着持っています。でも最近、サーモンピンクを着ると、どうにも顔色が悪く見えるように。ぼやっと見える、つまり老けて見えるのです。

どちらの場合も実際に着て鏡で見て、「このワンピースは若作りで難しい」「サーモンピンクは顔色が悪く見える」と、今の私に似合っていないことがわかりました。

この2つの体験を講座で話すと、ほとんどの受講生さんが大きく頷きます。年齢を重ねると、似合わなくなる洋服が出てきます。**クローゼットの中に入っているのを眺めているだけではわからないのですが、実際に着てみると気づくのです。**

◌ 外出作戦で9割手放せる

それでもまだ手放せないときは、その洋服を着て外出してみることがおすすめ。洋服が気になって外出中そわそわ、人と会っても落ち着かないと感じたなら、手放しましょう。また、ショーウィンドウや化粧室の鏡に映る自分の姿を見てどう思うかを、観察してみます。家で見るのとは違う、客観的な目で判断できます。

私は、この**「実際に着て外出作戦」で、着ていないのに迷っていた洋服のほぼ9割を手放すことができました。**

洋服の手放しを迷っているときに、行き先があれば気持ちが少しラクになるものです。

リサイクルショップは、残念ながらブランド品以外はほとんど値がつきません。でも、「クローゼットが整理できたうえに、誰かに喜んでもらえる」と思えば、ありがたく利用することができます。私もよく利用しています。

地元の工芸品「仙台箪笥」は私のお気に入り。普段は着ないけれど、大切にしている着物が入っています。お気に入りを際立たせるために、不要なものを手放します。

14

難しいテクニックなしの「季節別・アイテム別」収納

洋服が減ったら、いよいよ収納に取りかかりましょう。
クローゼット収納の基本は、3ステップです。

1 **洋服を全部出す**
2 **洋服を要不要に分け、不要な洋服を手放す**
3 **「季節別」「アイテム別」に分けて収納する**

これは家中どこでも、アイテムが変わってもやり方は同じです。クローゼットは全部いっぺんに作業するのはハードルが高いので、**今日はタンス1段目、明日は2段目**というように、**少しずつ進めるのがいい**ですね。

ここまで読まれたみなさんは、ステップ2まで進んでいると思います。ワクワクするお気に入りの洋服を残したら、春夏服、秋冬服の「季節別」に分けます。

そして、次はトップス、ボトムスの「アイテム別」に分けます。トップスとはブラウス、セーター、カーディガンなど。ボトムスはスカート、パンツなどです。ワンピースをたくさん持っている方は、ワンピースを加えた3つに分けてもいいでしょう。「季節別」「アイテム別」に分けたら、そのグループごとに引き出しに入れたり、ハンガーにかけたりします。

私がすすめる収納は、よく使うものは取り出しやすい場所（タンスなら真ん中の高さ）にしまうこと。そして、定位置を決めたら、必ずそこにしまうこと。これだけです。

もちろん、洋服がスッキリしまえる畳み方とか、引き出しに立ててしまう方法など、収納のテクニックは色々あります。でも、洋服の数が減っていれば、面倒なテクニックを駆使しなくても、クローゼットにラクに収まるはずです。

私は、トップスやボトムスは、クローゼットのハンガーにかけるだけにしています。セーターや小物などは引き出しに入れているものもありますが、よく着るものは取り出しやすいハンガーが便利です。

そして、ここに収まるだけの数しか持たないようにし、定位置を死守しています。

◌買い物や衣替えのとき、洋服を増やさないように

私が決めているルールは、「1着買ったら必ず1着手放す」。洋服はよく買いますが、クローゼットの中を想像し「あの洋服はもう着古したから手放そう」などと思い描きながら選んでいます。洋服を増やさないことを、日常的に心がけているのです。

衣替えも洋服を減らすチャンスにしています。**シーズンの終わりに1着ずつ服を手にとって、「来シーズンもまた着たいか?」と自分に問いかけます**。そして選ばれた洋服だけを残します。

私は、少ない数の洋服をとことん着るので、次のシーズンまでとっておく洋服は毎回10着以内です。クローゼットの空いたスペースに、次のシーズン時にワクワクするような新しい洋服を購入して収納します。

◌タイツやストッキングは各3足にする

最後に、クローゼットの中の意外な盲点についてお話しします。タイツやストッキングなどの小物が、かなり場所をとっていることが多いのです。

片づけサポートでご自宅を伺ってみると、新品含め驚くほどたくさんの数をお持ちの場合があります。相談者さんは「小さいものなので、気にせずに溜め込んでしまう」とおっしゃいます。

さらに、「収納する定位置が決まっていなくて、必要なときに見つからず、つい買い足してしまう」という声を受講生さんから聞きます。

私は、タイツやストッキングは各3足ずつと決めています。タイツはとことん履いて、シーズンが終わったら処分します。ただし、急な寒い日に備えて、シーズン後も1足だけ残しておきます。

タイツやストッキング、さらに靴下などの小物は、クローゼットの中で迷子になりがちなので、定位置を決めることが大切です。

そのとき、ティッシュボックスの上部を切ったケースがおすすめ。引き出しの中の仕切りに使えば、ごちゃごちゃしません。

15

「ハンカチは5枚あればいい」。今使っている枚数だけを持つ

ここからは、クローゼットの中の洋服以外のものについてお話しします。まずは、この本のタイトルにもなっているハンカチについて。プレゼントとして差し上げたり、いただいたりすることが多いので、たくさん持っている方が多いと思います。

憧れのブランドでも1000円以内で買えることがあるので、「つい1枚、2枚と増えていき、何枚あるかわからない」と言う受講生さんもいます。

さらに、「籐のタンス3段全てハンカチで埋め尽くされています」「破れないので、ずっと使っている数十年前のハンカチがある」と、次々に報告がありました。たくさん持っていても、実際に使っているのは、ほんの数枚だけではないでしょうか。

私も以前は20枚くらい持っていて、「大きめだからスカーフにも使えるかな、お弁

当包みに使えるかな」と考え、使っていないものでも手放せずにいました。

でも、自分の行動をよく考えてみると、スカーフとして使うことはないし、お弁当を持って行くこともありません。どちらにもならないことに気づき、ヨレてきたものから1枚ずつ手放しました。

とくにブランドのハンカチは手放しにくいのですが、**最後はお掃除クロスとして使い切ることに**。役目をまっとうしたと思えて、躊躇なく手放せるようになりました。

その後、私はタオルハンカチに切り替えました。アイロンがけも不要で、とてもラク。きちんとした席のために、刺繍入りのタオルハンカチを用意しています。

唯一残したハンカチは、お悔やみ用の黒いものです。**普段使っているのは、タオルハンカチ5枚です。**

私の話を参考に、実際に5枚にしたという受講生さんも多く、「洗濯してもすぐ乾くので、十分です」とのこと。みなさんも5枚を基準に、ちょうどいい数を調整してみてください。

私は5枚のハンカチを、玄関収納の「お出かけボックス」に入れています。枚数が少ないので邪魔にならないし、出かける直前の「あ、ハンカチを忘れた」がなくなりました。

◌スカーフも5枚を目安に、お気に入りだけを残す

続いてスカーフです。みなさんは、何枚お持ちですか？　私はハンカチ同様にスカーフも5枚です。ブランドものでも洋服に比べてお手頃価格なので、増えがちなアイテムですよね。

片づけサポートでご自宅に伺った70代の方のクローゼットには、色、デザイン、素材も様々なスカーフが50枚以上も入っていました。ショッピングに行くたびに、つい買ってしまうそう。2人で「キリンだったらたくさん巻けたのにね」と言って笑いました。

この方は、スカーフが大好きで、あまり手放したくないとのことだったので、無理はせず、「お店ですすめられて買ったけど、趣味じゃなかった」というヒョウ柄を3、4枚手放すことにしました。

そのあと数回、片づけでご自宅に伺うたび、スカーフをチェック。**実際に首に巻いて鏡で見る**ことを実践しました。お顔周りがパッと明るく見える、今似合うものを厳選することにしました。こうしてスカーフ10枚を残し、他は手放したらクローゼットに余裕ができ、選びやすくなりました。

大好きなものは無理に減らさなくても大丈夫です。少しずつ進めていくと、必ず減らせるようになります。また、不要なものを処分するのではなく、本当に気に入ったものを残すと考えると、手放しやすいですね。

私はハンカチとスカーフはどちらも5枚ずつにしています。足りなくなることもなく、管理がラクなちょうどいい分量なので、おすすめです。

でも、人によって必要な枚数があるので、5枚を基準にして、手元に残す枚数を考えてみましょう。

16

バッグは「用途別2個」に。1個ずつ手にとって要不要を判断

講座では、「洋服と同じくらいバッグをいっぱい持っている」とご相談を受けます。片づけサポートで伺ったお宅で、クローゼットの中からどんどんバッグが出てきたことがありました。その数50個以上で、よくこんなに入っていたと当のご本人もびっくりでした。

アイテム別に分けてみたら、ショルダーバッグ、斜め掛けバッグ、ポシェット、リュック、トートバッグ、ボストンバッグ、ブランドバッグ、エコバッグ、冠婚葬祭用バッグ、パーティーバッグなどで、10種類以上各5個ずつはありました。

「持っていることを忘れ、どんどん買い足していた」と相談者さん。箱や布に入れたままで、「中身が見えない＝中身を忘れる」になっていました。片づけている間に、何度も「こんなバッグあったんだ！」「忘れていた」という声が聞こえてきました。

「用途別に2個ずつ選んで残すのはいかがですか？」と提案して、了承をいただきました。

1個ずつ手にとり、「この中でこれが一番好き」「これは大切」など、次々残すものが決まりました。手放そうと思ったバッグは、「小さすぎて量が入らない」「入れにくい」「使い古した」と、どれも明確な理由があったのです。

これ以外にも、スイミングのバッグ、歌のレッスンバッグ、ご主人からのプレゼントのバッグ、1〜2泊の旅行用バッグ、夏のカゴバッグ、冬のふわふわバッグ、旅先で買った民芸バッグなど、まだまだ出てきたのですが、これらもひとつずつ手に取り、不要なものは手放しました。

数を減らしたら、バッグ収納は簡単

バッグを減らしたら、次はいよいよ収納です。数が少なくなれば収納は簡単で、用途別に分けたので、使う頻度別に分けるだけです。

よく使うバッグを、棚の真ん中の一番取り出しやすい場所へ。月1回程度の使用頻度のバッグは下の段へ。年1、2回やシーズンオフのバッグは、取り出しにくい場所でも問題ないので、棚の上のほうに収納します。

自立するのが難しい、小さいバッグや素材が柔らかいバッグは、100円ショップのファイルボックスやブックスタンドを使って立てて収納すると、一目でわかり迷子になりません。存在を忘れずに、使うこともできます。

また、箱や袋に入れるバッグは傷・汚れを防ぎたい数点のみにし、箱や袋から出して見えるように。箱や袋にしまう場合は、できれば中身がわかるように、ラベルをつけておくといいでしょう。ペンで書けるものは、直接書いてしまってもいいですね。

私は、いつも使うバッグ1個と、ときどき使うものが3個、めったに使わない仕事用のボストン1個、葬儀用1個の合計6個です。いつも使うものは、すぐ使えるようにダイニングの椅子を定位置にしています。そして、ときどき使うものは、クローゼットの見える位置に、めったに使わないものは棚の上や奥に入れています。

仕事でもプライベートでもよく使うバッグは、ダイニングの椅子を定位置に。場所を決めておくと、ソファや床に置きっ放しがなくなります。

17

「婚礼タンス」はもういらない

クローゼットのテーマとは少し外れますが、本章の最後のお話は「婚礼タンス」です。60代以上の方は、「婚礼タンス」を持っている場合が多いと思います。当時は、結婚するときに親から贈られるのが一般的でした。整理タンス、洋服タンス、和タンスと3種類お持ちの方もいるでしょう。

60代以上の受講生さんからは「婚礼タンスはもういらない」「処分したい」という声がよく聞かれます。理由を聞いてみると、「邪魔だから」と答える方がほとんど。実際にお宅に伺って拝見すると、6畳の和室が婚礼タンスでいっぱいで、他にものが置けない状態になっています。

実際に婚礼タンスを手放したシニアの方から話を聞くと、「一戸建てからマンションに住み替えるので」「施設に入ることを考えて、ものを減らしているので」など、その理由に納得できます。親に悪く感じている方もいますが、**ライフスタイルの変化によって不要になるのは仕方がないこと**。「残すと子どもが困るので」と手放した受講生さんの言葉には、説得力があります。

それに、背が高くて重量感のある婚礼タンスは、地震のときに危険を伴います。しっかり固定するなど、転倒予防ができないなら、手放すことを考えてもいいですね。

◌「婚礼タンス」を手放す方法を調べてみる

実際に手放すとき、どのような方法があるのか考えてみました。

・費用がかかるけれど、確実に手放すことができる

粗大ゴミに出すか、専門業者に引き取ってもらいます。引っ越しを機に、他のものと一緒に手放すのも手。粗大ゴミの場合、重量があって素人で運び出すのが難しいこともあるので、よくチェックしてから申し込みます。

また、専門業者にお願いするときは、悪徳業者もいるので、事前に何社か問い合わせて、引き取り金額をしっかり確認しましょう。

・新しい引き取り先を探す

リサイクル品としてお店に買い取ってもらいます。または必要になった方に差し上げても。シニアの方の話を聞くと、現実的には難しいことが多いようですが、まずはトライしてみましょう。難しいとわかれば、潔く別の方法に変更できます。

・新しい使い方を考える

上下に分けられるなど形を変えられるときは、小振りなタンスとして使えることもあります。

もし、新しく小さなタンスを買う予定のときは、下取りできるか確認してみましょう。ただし、新しい小さなタンスの購入は、洋服の量を減らしてからにします。不要な洋服を手放すと、タンスを買わなくても間に合うことがあります。

色々な方法があるので、納得できる方法で手放せるといいですね。長年使ってきた婚礼タンスは、感謝の気持ちで送り出してあげましょう。

PART 3

毎日使う「キッチン」で使いやすさを実感する

18

お箸やスプーン、フォークの数は「家族の人数＋一度に来るお客様」

キッチンは空間がさほど広くないのに、電化製品、食器、調味料、お鍋、ボウル、食品ストックなど、色々なものがある場所です。

どこから始めたらいいのか迷いますが、一番簡単な場所は、お箸・スプーンが入っている引き出しです。理由は、それほど大きくない場所で、要不要の判断がつきやすいものが多く入っているからです。片づけの基本を簡単に学べます。

また、引き出しの中によく入っているコンビニでもらう割り箸、プラスチックのスプーンやフォークは思い入れのないものなので、ラクに処分できます。災害用にとっておきたいときは、数を絞り、防災グッズ入れにしまいます。

思い入れのないものを処分すると、ものを減らすことに弾みがつきます。他のものもどんどん減らすことができるようになるのです。

キッチンの片づけの基本は、「全部出す→要不要に分け、不要なものは手放す→アイテム別（種類別）・頻度別に分けて収納する」という流れです。 引き出しでも同じなので、早速始めてみましょう。

まずは、引き出しの中のものを全部出します。受講生さんの中には、使いにくいと感じた便利グッズや壊れたミキサーの羽が入っていた人、ガムテープやビニールひもなどキッチンでは使わないものが入っていた人もいました。全部出すことで、明らかに不要なものを取り除けます。

◌ お箸、スプーン、フォークはアイテム別に分ける

お箸、スプーン、フォークがたくさんあって、要不要がすぐにわからないときは、まずはアイテム別（種類別）に分けてみます。こうして分けると、何をどれだけ持っているかよくわかります。

さらにお箸は食事用、調理用、スプーンはカレー用、ティースプーン、スープ用、フォークはケーキ用、パスタ用など用途別に分けます。

「こんなにたくさんケーキのフォークがあったんだ！」と把握でき、「同じ用途のものはこんなにいらない」と減らすきっかけになります。

数を減らすときは、「どのくらいにすればいいでしょうか？」と受講生さんから質問を受けます。**まずは、家族の人数分を確保。その後は、「お客様が一度に何人来るのか」を考えます。**

ポイントはライフスタイルの変化です。子どもと一緒に住んでいるときは、友達が遊びに来ることがありました。現役で仕事をしているときは、一度の来客人数も多かったかもしれません。でも、年齢とともに生活は変化するので、見直しが必要です。

片づけサポートで伺ったお宅でも、たくさんのお箸、スプーン、フォークが出てきました。「以前は仕事仲間を一度に10人呼んでいたけれど、今は多くても5人」とおっしゃったので、ご夫婦2人分＋5人分に減らしました。今後もときどき見直して、お客様の人数が少なくなれば、さらに減らしてもいいと思います。

◌ 収納ケースはものを減らしてから購入する

最後に、引き出しにお箸、スプーン、フォークなどをアイテム別に分けてしまえば

3人家族なので、お箸、スプーン、フォークは3本が基本です。ケーキ用のフォークは来客分に2本プラス。わが家のライフスタイルに合わせた数です。

完成。できれば、来客用は分けて入れると、より使いやすくなります。

数が減れば収納は簡単ですし、取り出しやすくなって毎日の生活のストレスが、確実に減ります。

もし引き出しに仕切りがなければ、100円ショップの収納ケースを利用しましょう。

収納ケースを買うのは、ものを減らしてからです。引き出しに合うサイズの収納ケースを必要な個数だけ買えば、無駄がありません。

キッチンのスタートはお箸・スプーンの引き出しから始めて、片づけのコツをマスターしましょう。

迷わずに処分できるのはストックの「賞味期限切れ」

19

お箸やスプーンの引き出しの次は、食品ストックの賞味期限切れのチェックをしましょう。賞味期限切れのものは迷わず処分できるので、初心者さんにはやりやすいアイテムです。

片づけサポートで伺ったお宅では、「買ったばっかりだと思っていたのに、もう切れていたんだ……」という声が、賞味期限切れ食品とともに続出。どのお宅でも想像以上にたくさん出てきます。

賞味期限が切れてから3、4年経っている食品が出てくるのはよくあることで、10年前のものを見つけたときは「すごい！」と、相談者さんと思わず声を上げてしまいました。日持ちする乾物や乾麺は、あちこちの戸棚から出てくることもよくあります。

これまで、最高で大きなゴミ袋7つ分、賞味期限切れが出たことがありました。最近はフードロス解消が話題になっていますので、収納だけでなく、食品を無駄にしないことも考えたいですね。

減らした食品ストックは、100円ショップのケースなどを使って、立てて収納すると見やすく取り出しやすくなります。横にして重ねると、下のものが見えなくなり、忘れることが多くなるので要注意。**賞味期限切れを防ぐために、「視界から見えなくなる」ことを避けましょう。**見えるところにあると、常に意識するし、賞味期限チェックもできます。余分な買い物をしなくて済み、ストックが増えません。さらに節約にもなります。

◌ 災害に備えて、ストックは食べながら買い足す

わが家では、東日本大震災を体験したこともあり、普段から少し多めにストックをしておいて、**食べながら買い足す「ローリングストック」という方法を実践しています。**使った分を補充するので、ストックが増えることはありません。

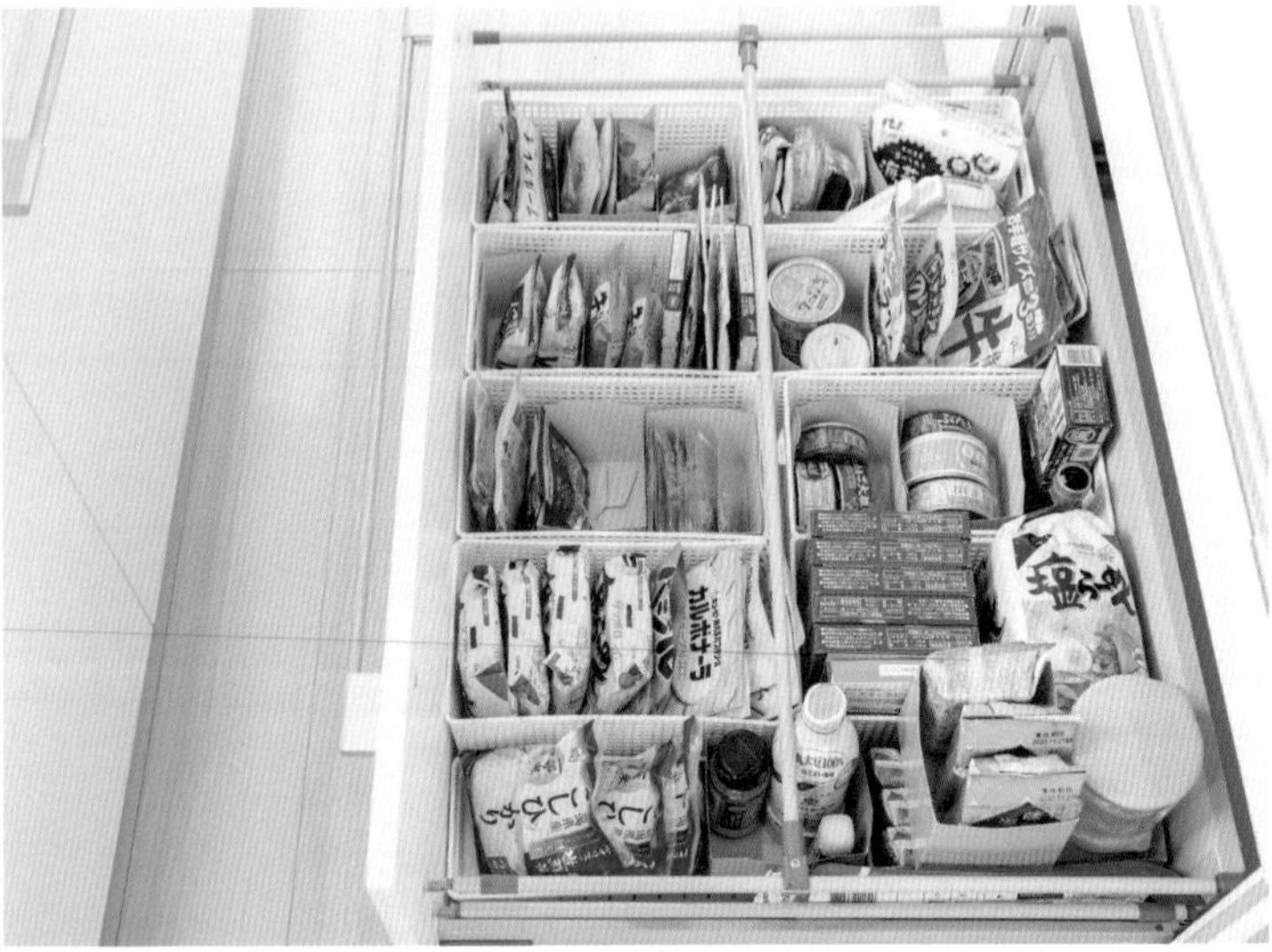

ストックの入った引き出しは、100円ショップのケースで仕切って収納。ケースの中に空き箱を入れ、さらに仕切って使いやすくしています。

災害用として別に収納しておくと、滅多に見なくなり、賞味期限を切らしてしまいがちです。

コロナウィルスの自粛期間中でも実感しましたが、非常時には食べ慣れているものが安心感を与えてくれるので、ローリングストック法はおすすめです。

わが家は、**引き出し1段をストック用にして、100円ショップのケースで仕切って立てて収納**。引き出しを開けると全体が見えるので、使い忘れがありません。賞味期限が近い食品は手前に入れ、早めに食べ切ります。

この引き出しに入る分だけと決めているので、なくなったら補充するようにしています。よけいなものを買わなくなり、節約にもなっています。

◌ 粉ものは賞味期限内でも早めに使う

また、保管で気をつけていただきたいのは、一度封を開けた粉ものです。

メーカーのホームページを参考にすると、天ぷら粉、唐揚げ粉、ホットケーキミックスなどは開封後、害虫に被害があるので口をしっかり締めて、冷蔵庫で保管。小麦粉や片栗粉は、冷蔵庫ではなく密閉容器に入れた常温保管をすすめています。冷蔵庫に入れると、他の食品のニオイが移ったり、結露によるカビの心配があるようです。

私は、どうしても害虫が気になるので、小麦粉や片栗粉は冷蔵庫に保管しています。その際、ニオイ移りやカビを予防するために密閉容器に入れています。

粉ものだけでなく、乾麺にも害虫が発生することがあるようなので、見やすい収納にし、早めに使い切ることを心がけたいですね。

20

保存容器は5個に厳選。手放す基準は「ニオイとフタ」

「保存容器、たくさん持っている方はいますか?」と講座で聞くと、8割の受講生さんの手が上がります。30個以上持っているという方もけっこういますし、なかには「段ボール1箱分!」という方もいて、講座では毎回盛り上がる話題です。

梅干しなどの市販の食品が入っていたプラスチック容器も、大事にとっている方が多く、どれもかさばるので、収納場所をかなり占領しています。

講座で「フタをして収納するのと、フタと容器を別にして収納するのはどちらがいいですか?」というご質問をいただきます。フタをして収納すると場所をとるけれど、フタと容器を別にすると合うものを見つけるのが面倒です。場所をとらないように、大きなものに小さいものを入れて収納すると、使うとき取り出しにくくなります。

これらの問題を解決するのは簡単。本当に使うものだけ残し、数を減らすことです。

◌ 受講生さんは5〜8個に。減らしても困っていない

では、どのくらいの数を残せばいいでしょうか。参考までに、**わが家の保存容器は、大2個、中2個、そしてガラスの容器1個の合計5個です。**食品を冷凍するときは保存袋を使い、かさばる保存容器は最小限にしています。

でも、たくさん作り置きをする方、離れて暮らす家族に料理を作って持って行く方などは、もう少し必要かもしれません。ライフスタイルに合わせて「いくつあれば足りるか？」を考えてみましょう。**受講生さんの多くは、5〜8個に厳選されています。**減らした後も「全く困らない。早く減らせばよかった」とおっしゃいます。

手放す基準を紹介します。**まず、「フタだけしかない」、逆に「フタがなくなっている」は一番最初に手放しましょう。次に「ニオイや汚れがとれなくなっている」ものを手放しましょう。**さらに、「フタが開けづらい」「重すぎる」「大きすぎる」「小さすぎる」など、使いにくいものも手放します。同じ大きさのものがあったら、使いやす

高い位置の棚の収納は、取っ手付きのケースにすると取り出しやすい。棚のサイズに合わせてケースを選ぶと、無駄がないし、見かけもスッキリします。

いほうをひとつだけ残します。これでかなり減らせるはずです。

最後に収納についてです。いつも使う保存容器は取り出しやすい位置、たまにしか出番がないものは吊り戸棚など上の方へと、頻度別に収納します。

高い位置の棚に収納するときは、取っ手付きの100円ショップのケースがおすすめ。中が見えるようなカゴだと、何が入っているのかがわかり、使い忘れることがありません。

わが家でも、使用頻度が低い保存容器は、取っ手付きケースに入れ、高い位置の棚に収納しています。

21
残す調理道具は価格ではなく、「頻度と使いやすさ」

おたま、しゃもじ、ピーラー、茶こし、スライサー、缶切り、計量カップ、泡だて器、菜箸など、いくつも持っている方が多いと思います。引き出しに入っているものや壁に吊るしているものを全部出してみましょう。受講生さんの中には、ひとり暮らしなのに、しゃもじを5個も持っている方がいました。

同じ調理器具をたくさん持っていたら、よく使うものを選びます。たとえばピーラーやスライサーは使い勝手が良くて、いつも使うものがあるはず。**値段が安くても見かけがおしゃれでなくても、使用頻度の高いものをひとつ選んで残します。**

片づけサポートで伺ったお宅でお盆（トレー）が5枚あったので、2枚を残して他は手放すことになりました。私と相談者さん（Aさん）とのやり取りを紹介します。

私「何を残しますか？」
Aさん「木彫りで値段が高かったお盆を残します」
私「それはよく使っているものですか？」
Aさん「全然。重すぎるからしばらく使っていないんです」
私「残すものは値段ではなく、よく使っているものにしましょう。使っていないものは、必ずその理由があるので今後も使いませんよ」

あらためてお盆を選んでもらうと、いつも使っている軽いものにされていました。その後、お話を聞くと、「軽いお盆にして正解でした。木彫りのお盆はほしい方に差し上げました」とのことでした。

◌ 受講生さんの声から気づいた調理道具を減らすヒント

ボウルを20個持っている受講生さんから、「小さいボウルは卵溶き用といったように、それぞれに用途があって、なかなか減らせません」と相談されました。私は「小さいボウルは器で代用もできますよ」と提案しました。さらに、**専用のものはよく使うものだけを残し、残りは手放してはどうですかとアドバイスをしました。**

コンロ下には、コンロで使うフライパンを取り出しやすいように立てて収納。仕切りがないお宅は、100円ショップのファイルボックスなどを使います。

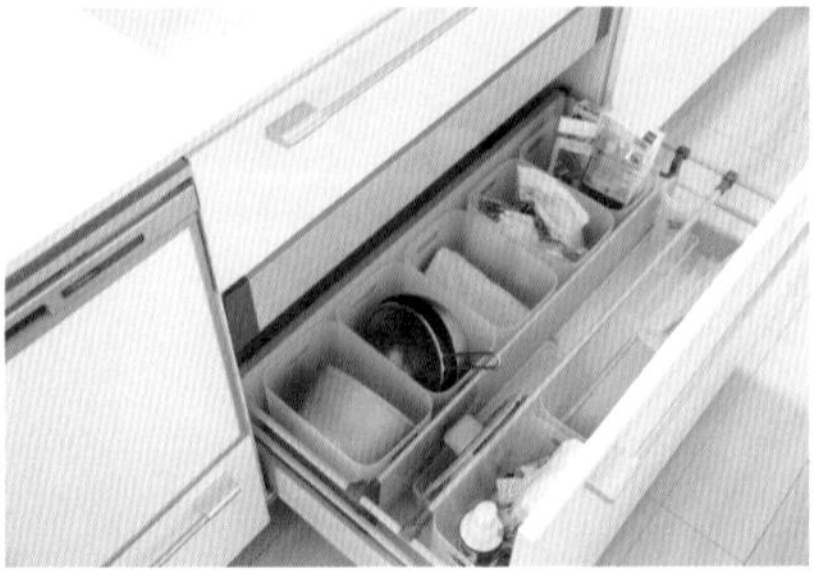

シンク下には、シンクで水を入れる鍋、ボウルなどを100円ショップのケースで仕切って立てて収納しています。

別の受講生さんから「実家のボウルが黒く汚れていました。その後、自分の家のボウルをあらためて見たら、同じように汚れていてびっくり！」と報告がありました。

自分の家のものは見慣れていて、汚れや傷みに気づかないもの。あらためて見て、汚れていたり、へこんでいたら手放しましょう。

他にも「大きなパスタ鍋は深さのあるお鍋で間に合うので、手放しました」「蒸し器は電子レンジで代用します」など、ものが手放せるようになると、自分なりのアイデアがどんどん湧いてくるようで、私も教えられます。

◌ オブジェになっている調理家電は手放す

同様に、調理家電もキッチンを占領しています。フードプロセッサー、ジューサー、パン焼き機などが、ホコリをかぶって使いやすい真ん中の棚に並んでいます。頻度を伺うと、「半年に1回」とか「1年に1回」というお答えが多い。「しまい込むと使わなくなるので」とのことですが、すでに使っていない（笑）。調理家電は、よく使っているものや使いやすいものだけを残し、オブジェになっているものは手放すか、下の棚に移動します。

最後に、**せっかく減らした調理道具や家電を増やさないコツ**を紹介します。受講生さんから聞いた、つい買ってしまうパターンをまとめました。

- 通販番組で紹介された新商品を「おいしい料理が作れるかも」と買ってしまう
- お友達から「いいよ！」とすすめられると買ってしまう
- お店で便利なものを見つけると、「時短になるかも」と買ってしまう

これと同じことをしなければいいのです。新商品、おすすめなもの、便利なものというだけで、飛びつかないようにしたいですね。

「大皿5枚・小皿20枚」で孫が喜ぶごはんは完成

22

食器がなかなか手放せない、という方はとても多いです。子どもと一緒に暮らしていたときに比べ、使う食器は限られているのに、数は減らせない。多くの方が「年に数回、孫が遊びに来るとき必要だから、捨てられないのよ」とおっしゃいます。久しぶりにお孫さんに会えたときには、手料理を振る舞いたい気持ち、よくわかります。

以前、子どもが巣立ち、夫婦2人になったお宅の食器棚の整理をしました。いつも使っている食器と来客用に分けてもらったのですが、いつも使っている食器がとても少ないことに、私も相談者さんも驚きました。おひとり暮らしの方でも同じことをしてみたら、いつも使っている食器は決まった数枚でした。

食器はたくさんあっても、いつも使っているものは少ないのです。つまり、年に数回の孫たちとの食事会のために、食器棚にびっしり食器を入れているということ。

終活を始めたという60代の受講生さんは、「食器をだいぶ手放しました。たまに来る孫たちのために残したのは、大皿5枚、小皿20枚だけ。これだけあれば十分よ」とおっしゃっていて、私も納得しました。

たとえば、お子さん家族が4人、自分たち夫婦と合わせて6人分の料理を作るとします。**お料理5品を大皿へ。取り分ける小皿が20枚あれば間に合います。**足りなければ、普段使いのお皿を使えばいいのです。60代の受講生さんが残した枚数は、現実的で説得力がありました。

お孫さんの数が多いとしても、いっぺんに来ることは少ないと思います。大勢が一度に集まるお宅の場合は、6人分で大皿5枚・小皿20枚を基本にして、残す数を決めてはいかがでしょうか。

思い入れのある食器は最後に回す

とはいえ、**食器を減らすのは無理をしなくて大丈夫です。**思い入れがあるものも多いからです。受講生さんの中にも人を招くのが好きで、食器集めが趣味という70代の方がいました。「旅先で集めた食器も多いから、捨てるものは何ひとつないんです」とおっしゃっていたので、食器の整理は最後にしました。

するると、他のものを手放しているうちに考えが変わり、食器も減らそうと思い、実際に手放すことができました。

もし、無理に減らしていたら、「あれは手放さなければよかった」と後悔していたかもしれません。**思い入れがあるものを最後にすると、スムーズに手放せるという参考になる事例**ですね。

最初に手放しやすい食器は、おまけでもらったロゴ入りやキャラクターのものです。そのあとは、まずは用途別に分けます。ケーキ皿、深皿などと分けていると、「カレー皿が多い」と持ちすぎている食器が明確に。用途別に分けて枚数が多いものは、使っていない分を手放しましょう。

◌ 用途がひとつしかない皿は、持たない

ひとつの用途しかない食器は要チェックです。わが家では焼き魚用の長い皿は、他

普段使いの食器は全て、取り出しやすい引き出し1段に収納。来客用のカップ&ソーサーと皿はときどきしか使わないので、別の引き出し1段に収納しています。

に用途がないので手放しました。サンマのような細長い魚は半分に切って、丸皿に盛りつけています。このアイデアは受講生さんにも好評です。

食器を整理された受講生さんの中には、いつも使っている食器を手放し、来客用を使うことにされた方もいます。毎日三食、自分をおもてなししているようで、いいですよね。

70代の受講生さんで、年齢的に食事を作る負担が大きくなったので、お孫さんたちとの食事会を外食に変えた方もいます。発想の転換です。

使わない食器が手放せて、キッチンがスッキリしたようです。

23

60代からの調味料は「小サイズへシフト」する

「調味料は小さいサイズのものを買っています」と講座でお話しすると、受講生さんは「大きい方がおトクなのに、どうしてですか？」と驚きます。たしかに、大きいサイズと小さいサイズでは値段があまり変わらないので、どうせ買うなら大きいサイズと思ってしまいます。でも、それがいいとは限らないのです。

家族の人数が多い場合は、たくさん使うので大きいサイズがおトクです。でも、子どもが独立して夫婦2人になってからは、使い切る前に賞味期限切れになることはありませんか。

調味料を小さいサイズへ変えると、2つの良さがあります。1つ目は、場所をとらないことです。ものによっては開栓後に冷蔵庫保存のものもあり、サイズが大きいと狭い庫内を占領することがあります。

2つ目は、短い周期で買い替えるので、酸化していないフレッシュなものを料理に使えること。開封した調味料は、早めに使い切りたいですね。

片づけサポートでご自宅に伺った、おひとり暮らしの方は、醤油、料理酒などの調味料を業務用の大きいボトルでネット購入していました。「配送料が無料の金額になるように、大きいものを買っている」とのことですが、使い切らないうちに賞味期限切れになっていました。小さい調味料なら軽いので、ネットを利用しなくても、近所のスーパーで買って持ち帰れます。

60代からは「調味料は大きい方がおトク」から卒業しましょう。賞味期限内に使い切れず処分することになったら、おトクではなくなってしまいます。

「〇〇を作る調味料」や「〇〇の素」は減らしていく

「〇〇を作る調味料」や「〇〇の素」も残りがちです。1回だけ使ったものが、冷蔵庫にたくさん溜まっていることがあります。味が好みでなかったものは、潔く処分をしましょう。開封したものは、賞味期限内でも早目に使うことが鉄則なので、長く置いておくと味が落ちます。

このような「〇〇を作る調味料」や「〇〇の素」は、お子さんがいたときにはよく使っていたかもしれません。そのときのクセでつい買ってしまいますが、年齢とともに味つけの好みはシンプルになり、シニアの方の好みには合わないこともあります。

今後は、できるだけ塩、醤油、味噌、砂糖、酢などの基本調味料を使うようにし、よけいな調味料を買わないようにすれば、収納もスッキリします。

また、「〇〇を作る調味料」や「〇〇の素」は、味つけが濃くて塩分が高いものも多いので、シニアの方には健康の面からも減らしていくのが理想ですね。

◌ 調味料は使う頻度に合わせて「2カ所収納」

調味料はよく使うものだけ調理台に置き、それほど使わないものは調理台のすぐ下の引き出しに収納することがおすすめです。なるべく調理台を広く使うために、出しておくのは必要最低限の調味料だけにし、そのほかは取り出しやすいように、使う場所の近くに収納すると調理の時短になります。調味料は頻度に合わせて「2カ所収納」にすると、キッチンがスッキリし、料理をするのがラクになります。

上／キッチンは毎日使うので、料理がしやすいと日々のストレスが減ります。
下／小さいサイズの調味料。場所をとらず、賞味期限切れになることもありません。

24

「あって当然なものを手放す」と収納も家事もラクになる

数年前、それまで「あって当然なもの」をいくつか手放しました。初めは、「ないと困るかな?」と思いましたが、どれもなくても大丈夫で、家事がラクになって時短につながりました。**手放したのは、三角コーナー、洗い桶、布巾、米びつ、キッチンマットです。**

三角コーナーは、いつもヌメリを洗うのが嫌だなと思っていたのがきっかけです。夫の母がシンクに自立する水切りゴミ袋を使っていたので、マネをしました。100円ショップでも買えて手軽。使い捨てでき、洗わずに済んで常に衛生的です。

洗い桶も同様に、ヌメリを洗うのが嫌でなくしました。以前は食後、水の入った洗い桶に食器を浸して汚れを浮かせてから洗っていました。洗い桶をなくしてからは、食器の汚れをウエス(古い布を切ったもの)で取って、すぐに食器洗いをするようになりました。後片づけが早く終わるようになり、家事が時短になったのです。

布巾は、定期的にしなければならない漂白や天日干しが面倒で、洗って繰り返し使えるペーパータオルに替えました。毎食後、食器を拭き、調理台やテーブルを拭き、ガスコンロを拭くなど、洗いながら使い、終わったら捨てるのでラク。毎回リセットされるので、常に衛生的です。

米びつは見えないように収納したいと思い、温度が高い、お米の保存には向かないコンロ下に置いていました。さらに、お米を袋から米びつに入れるときに、米粒がこぼれるストレスで何度も買い替えていたのです。

そんなとき、2合に小分けされたお米の存在を知り、早速購入しました。米びつがいらないし、お米をこぼすこともありません。そのうえ、いつもフレッシュなお米を食べられます。無洗米で、研ぐ手間もなし。完全にストレスフリーになりました。

◌ 家中の3大マットをなくしたら家事もラク、安全に

キッチンマットは、汚れが気になるから頻繁に洗濯したいのに、厚手だから洗濯が面倒という悩ましさから、なくすことにしました。調理後、汚れたら床をさっと拭け

ばいいので、なくても問題ありません。
ついでに玄関マット、トイレマットもなくしました。３つのマットをなくした結果、洗濯の手間が省け、さっと掃除するようになって常に衛生的になりました。

70代の受講生さんは、カーペットの段差でつまずいたことをきっかけに安全第一と考え、家中のマットを手放しました。

長年使ってきたものを手放すのは勇気がいったようですが、今では慣れて「不便を感じない」と言います。

「あって当然なもの」は、いきなり処分しないで、ひとまず外してみるだけでもいいですね。やっぱり必要だと思えば、また戻せばいいのです。

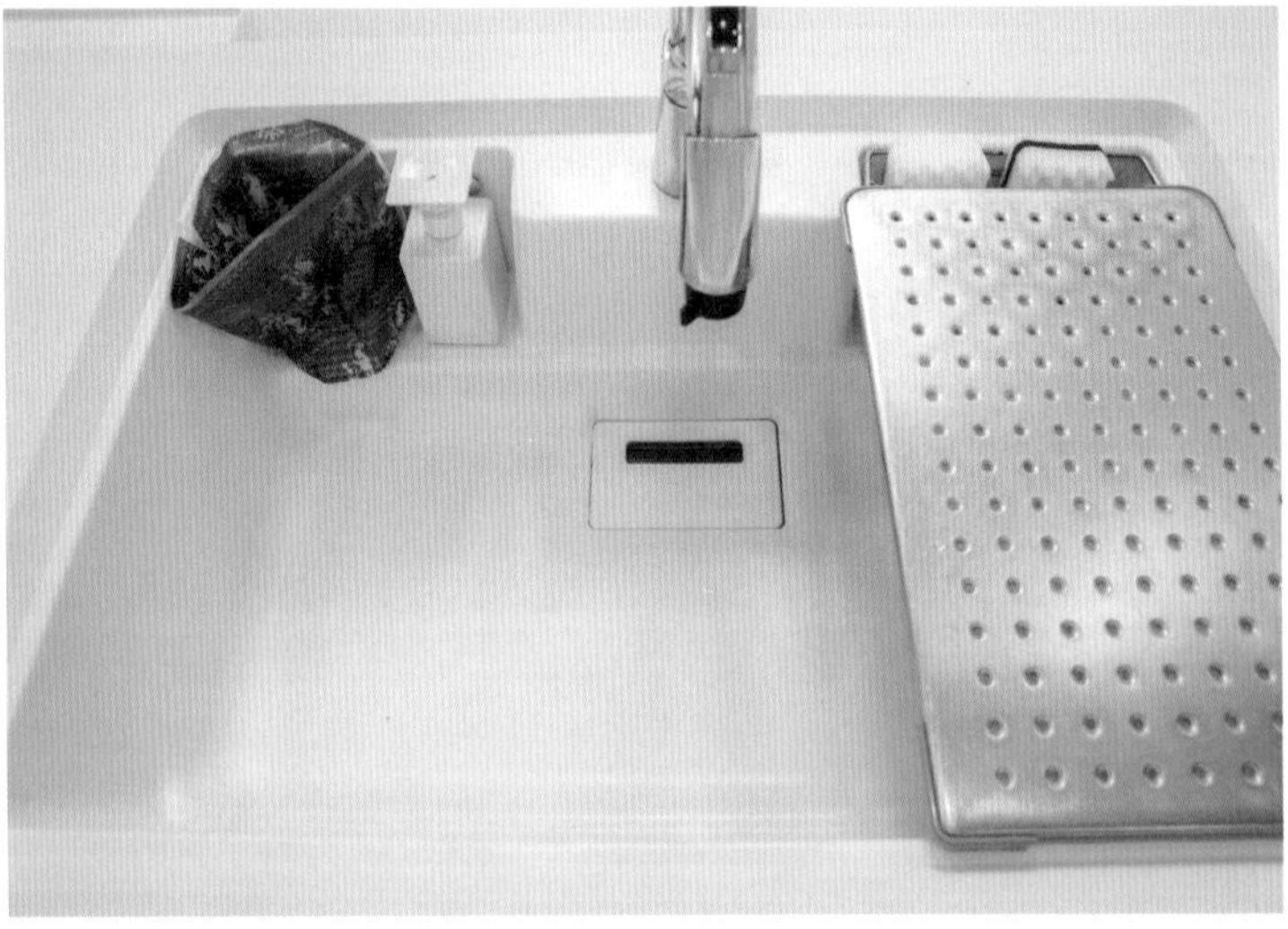

三角コーナー、洗い桶をなくしたシンク。三角コーナー代わりに自立する水切りゴミ袋（写真左上）を使用し、1日の最後に処分すれば洗う手間はありません。

片づけ3ステップ

スプーンやフォークなどがごちゃごちゃに入っている引き出し。取り出しにくくて、毎日ストレスです。

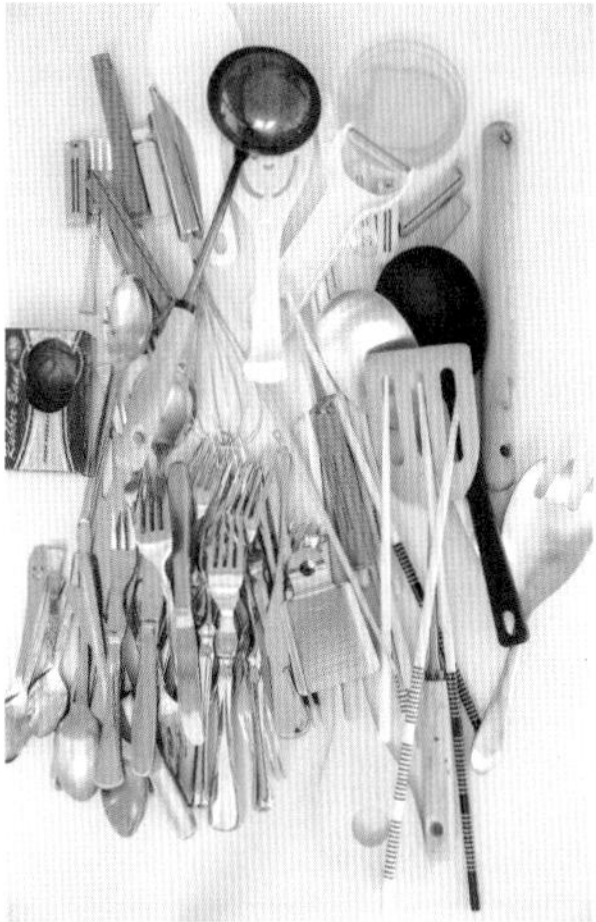

①引き出しの中のものを全部出します。中身を把握するのが大切。何がどのくらい入っているか確認。

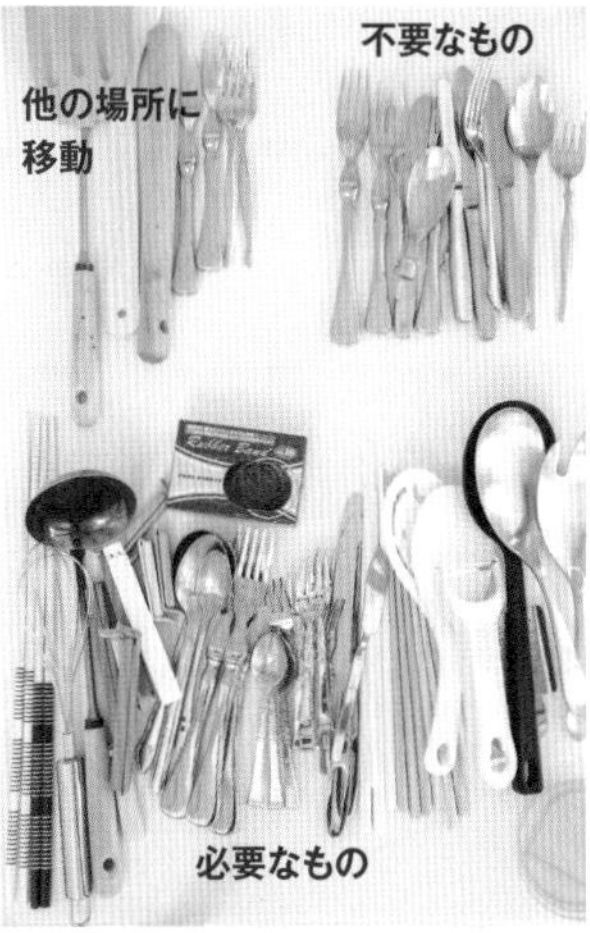

②要不要に分けます。必要なものの中には、他の場所に移動したほうが使いやすいものもあります。

③アイテム別に分け、収納。数が減ると、テクニックがなくても見やすく取り出しやすくなります。

25

「子どもに譲る」は幻想。価値観の違いを受け入れて

お嬢さんが結婚するときに、家にある高価な食器を持たせようとした受講生さんがいました。娘が嫁ぐ日までずっと大切にし、二代にわたって受け継がれることをワクワクしながら待っていたようです。

でも、お嬢さんから「いらない」と返されました。まさかの展開です。お嬢さんは100円ショップで食器一式揃えられたようで、受講生さんは「価値観が違うと気づいた。これからは、もう何もあげないと決めた」と笑って話されました。

今、若い方には白い食器が人気で、100円ショップなら大きさやデザインの違うものが安く購入できます。デザインに凝った高価な食器より、シンプルな100円のお皿が好きなのです。うちの高校生の娘にこのことを話したら、「高価だと割ったら

どうしようと考えちゃう。100円ショップのお皿はかわいいのが多いし、気軽に買えるから、私もそっちがいいな」と言っていました。

私自身も食器やグラスを100円ショップで買いますが、年々クオリティも高くなっていて驚かされます。最近は、食器だけでなく、結婚したときの新居のあれこれも100円ショップで揃えることも多いと聞きます。

世代によって価値観は変わり、親世代にとって価値があると思っていたものを、子ども世代が同じように思うわけではないようです。

だから、子どもに譲るために食器を残しておくことはしないほうがいいですね。**ものを残しておくかどうかは、あくまでも自分にとって必要かどうかで決めます。**

人からのプレゼントは気持ちを受け取る

逆に、親から贈られて手放せない方もいます。結婚したときに、義理のお母様から食器一式を贈られ、あまり好みでなかったのですが、20年以上使い続けました。そろそろ自分の好きな食器を使いたい。でも、手放していいものかとずっと迷っていました。

私は「お義母さんのお気持ちは十分に受け取られたと思います」とお伝えしました。その方は「やっと好きな食器を買えます」と、晴れやかな表情でした。

人から贈られたものを手放すのは、勇気がいることです。でも、大切なのは相手の気持ちを受け取ること。それができたと感じたら、ものは手放してもいいと思います。

最後に、私のエピソードをお話しします。実家の母から、「一度も使っていない、箱に入ったままの食器がいくつか出てきたけれど、いらない?」と聞かれました。でも、好みではないし、食器は足りていると答え、いったんは断りました。

友達に話すと「それ、ほしい」と言われたので、母の食器を譲りました。後日、友達の家に行ったとき、その食器にお菓子をきれいに盛りつけ、おもてなしをしてくれて感激しました。

自分には必要ないけれど、周りにほしい人がいるかもしれないので、積極的に聞いてみるのはいいことだなと思いました。必要な人の手にわたり、使ってもらえることで、ものも人もみながハッピーになれると感じた出来事でした。

26
「キッチンの思い出のもの」は最後の最後に手放す

「思い出のもの＝写真」を思い浮かべますが、キッチンにも思い出のものがあります。

子どもが保育園のときのスプーンやフォークを長年とっておいた受講生さんは、講座に参加してようやく手放せました。息子さんが40歳くらいなので、35年も前のものです。ご自身が働きながらがんばって子育てをした、思い出いっぱいのスプーンやフォークだったのでしょう。

「子どもの歴代のお弁当箱を全部とってある」という話もよく聞きます。幼稚園、中学、高校、社会人まで、当時使っていたお弁当箱を大事に持ち続けているのです。

幼稚園のときのものを見れば、「こんなに小さなお弁当箱に、おにぎりとおかずを入れていたのね。空っぽになって帰ってくるとうれしかったな」「これは中学のときのもの。彩りをきれいにしてって言われて、考えて作っていたな」など、どれも思い出がいっぱい詰まっているのでしょう。

講座を受講したのを機に、手放す決心がついた方は「かなり場所が空いてスッキリしました」と満足気でした。でも、**決して無理はしないでください。どれかひとつだけを残すのも手です。どうしても決心がつかないなら、後回しにし、最後の最後に考えましょう。**

◌思い出のないものから、先に手放す

それより、思い出や思い入れのないものから手放しましょう。コンビニでもらった割り箸やスプーン、賞味期限切れの食材などならサクサクと進むはずです。

片づけサポートに伺うと、意外にたくさん溜まっているのが、リサイクルに出そうと洗って乾かした牛乳パック。なかなかリサイクルに出せないときは、まな板として使い切ってしまうのも手です。お肉やニンニクなどニオイが移りやすいものにぴったり。使い切りなので衛生的だし、洗う手間がありません。

手放せない思い出グッズは一番最後に。思い入れがなく、溜まる一方のものから手放しましょう。

PART 4

「リビング」を片づけて
家全体を
心地良い雰囲気に

27

「4ゾーン分け」で順番に少しずつ片づける

受講生さんの中には、「散らかっているから、リビングが一番嫌い」という方も少なくありません。家全体の雰囲気を決めるのは、リビングです。リビングの居心地が良いと、自分も家族もくつろげて家にいるのが楽しくなります。

リビングは家族が集まるので、色々なものが置かれている場所です。でも、何でもリビングに置いてしまうと、ごちゃごちゃして居心地が良い場所とは正反対に。

そこで、**「リビングで使うものだけを置く」ことをルールにする**のを提案します。

そして、厳選したものを家族が片づけやすい、シンプルな収納方法にするのがいいですね。

大きなルールを決めたら、実際に片づけ始めましょう。ものが多く、散らかってい

リビングのテーブル、ソファ、床にはものを置かないようにしています。ものが外に出ていないと、リビング全体がスッキリ見え、居心地が良くなります。

るリビングを見ると、どこから手をつけていいのか迷ってしまいます。

そこで、**テーブル・ソファ・棚・床の4ゾーンに分け、1ゾーンずつ順番に作業します。**

一気にやろうとすると、疲れてしまい、途中で嫌になります。1日1ゾーンずつというように、少しずつ進めると達成感が得られ、次もがんばろうとモチベーションが上がります。

◌ まずはテーブルの上を

早速、ダイニングとリビングのテーブルからスタートしてみましょう。

片づけサポートで伺ったお宅でよく

見かけるのは、テーブルの上に調味料、薬、健康食品、血圧計、ぎっしり入ったペン立て、鏡、化粧水、綿棒、ハンドクリーム、お菓子、お知らせの紙などが所狭しと置かれている風景。

食事以外に書き物、パソコン、お化粧でも使っている方が多いので、ものが増えていきます。なかには、ものがいっぱいで食事をする空間がとても狭くなっていたり、ものをよけて食事をしているお宅もありました。

まずは、空のペットボトル、用事が終わった紙もの、壊れているもの、枯れている植物など不要なものは真っ先に処分します。次に、調味料、化粧品、健康グッズ、文房具などにグループ分けします。細かく分けすぎず大雑把でOKです。

調味料は、賞味期限切れや使っていないものは処分。使っているものは、食事のときにテーブルに移動するようにしてキッチンへ。テーブルでよく使う調味料はまとめてケースに入れておくと、移動しやすくて便利です。

化粧品や健康グッズは、それぞれまとめてケースに入れて、棚の中にしまいます。健康グッズの中で、薬、健康食品、血圧計など頻繁に使うものは、テーブルの上に置いたままでもいいでしょう。その場合もケースに入れてまとめます。

文房具は、書けないペン、2本以上あるものは1本を残して手放します。厳選されたものが少量入っているペン立ては、そのままテーブルに残してもいいでしょう。

ケースに入れただけでテーブルの上がスッキリ

テーブルの上に残すのは、頻繁に使うものだけにします。テーブルに置くときのポイントは、バラバラにしないこと。グループ分けをし、ケースに入れます。このとき、細かく分けすぎなくて大丈夫。ケースに入れるだけで、テーブルの上がスッキリ見えます。

ケースは、お菓子の箱や缶、100円ショップのものなど何でもいいのですが、フタなしを選びます。中のものがすぐ見えるので、初心者さんにはおすすめです。

テーブルの上がスッキリすると、使いやすいだけでなく、部屋の印象が変わります。リビング全体が居心地良くなるはずです。

28

「ソファには絶対ものを置かない」憲法を作る

テーブルの次は、ソファです。本来座る場所なのですが、洗濯物、部屋着、コート、バッグ、雑誌などが置かれている場合が多いです。3人掛けなのに2人しか、もしくは1人しか座れないことも。なかには、ものに占領されていて、誰も座れなくなっているお宅もあります。

私が提案したいのは「ソファには絶対ものを置かない」という憲法を作ることです。「憲法なんて大げさな」と思われるかもしれませんが、座れないのであればないのも同然。それならばソファではなく、棚を置いたほうがものをたくさん置けます。本来の座ってくつろげるソファを取り戻すために、ぜひ憲法を守ってほしいと思います。

私は、片づけに関して「絶対に〜する」というものはないと思っていますが、ソファだけは特別です。「ソファには絶対ものを置かない」は、受講生さんにもすすめています。

憲法を守るためにするべきことは？

「ソファには絶対ものを置かない」憲法により、わが家のソファはいつも家族3人が座れる状態です。ポイントは「使う場所の近くにしまう」ことです。

まず**洗濯物**。わが家は「畳む↓すぐタンスに入れる」がルールですが、ソファに一時置きする場合は1時間以内にタンスへ入れると、時間を決めています。

部屋着は押し入れや納戸にカゴなどを用意し、定位置を確保してそこに戻します。**コートなどの外出着**が玄関に置けない場合は、壁にフックをつけて掛けられるようにします。**バッグ**は、出し入れしやすい棚などに定位置を決めて、そこに戻すようにします。私は、小さめの椅子を定位置にし、必ずそこに置いています。

雑誌や本はマガジンラックか本棚へ。雑誌はソファに座って読むことが多いので、ソファに置きっ放しになることが多いはずです。だから、雑誌の定位置はソファの近くにするのがいいですね。遠い場所にすると、戻すのが面倒で、また元の状態に逆戻り。わが家は、ソファの近くのテレビ台に、よく読む雑誌や本を入れる定位置を作りました。

ダイニングテーブルの椅子も、やはりものが置きっ放しになっていることがあります。ソファと同様に、ものを片づけるとスッキリします。

ソファや椅子は、片づけの効果を感じやすい場所です。ソファに座ってゆったりくつろいでいる夫を見ると、「ソファには絶対ものを置かない憲法」を作ってよかったなと思います。

よく読む雑誌や本はソファの近くのテレビ台に、100円ショップのケースを使って収納。ケースからはみ出たら、古いものから処分するようにします。

リモコンは100円ショップのケースにまとめて、テレビ台の棚へ。必要なときにケースごと出します。

29 あっという間に半分になる！本棚は「1段ずつ整理」が鉄則

3ゾーン目は棚です。シニア世代には読書が趣味な方は多く、「本は減らしたくない」とおっしゃいます。私も、無理に減らすことはおすすめしていません。

片づけサポートで伺ったお宅でのこと。リビングの片づけをテーブル、ソファと進めたあと、次は棚を整理しようと思っていると、ぎゅうぎゅうな本棚が目に入りました。「本棚を整理しませんか？」と伺うと、「3カ月前にやったばかり」とのこと。そこで、私は「では1段だけ整理してみませんか？」と提案すると、気楽だと思われたようで「やってみます」とお答えになりました。

まずは、1段分の本をテーブルの上に移動しチェックすると、きれいな状態の本が多いのに気づきました。「本屋で気になるとつい買っちゃってね。そのあと全然読んでないの」とのこと。

そこで、1冊ずつ手に取って見てもらうと、「こんな本あったんだ」「これはもう読まないわ」と不要な本が続々と出てきました。一度読んだ本に対しては「読み返しますか？」と聞くと、「もう読まないわ」というものがほとんど。

本を手放すかどうか悩んだら、「これから先、新しいことをもっと知りたいと思わない？」と自分に問いかけてみましょう。新しい本を買いたいから、古い本は手放そうと決心がつくかもしれません。

◌ 1冊ずつ手に取ると必要ない本がわかる

1段を5分くらいで終えたら、弾みがつき2段目、3段目と整理でき、無理なく本棚全体の本を半分に減らせました。相談者さんは「この前整理したばっかりだったのに、どうして！」と驚いたご様子。「1段ずつ」整理したから減らせたのです。

本棚をいっぺんに整理しようとすると、目視だけで終わり、要不要を決めることができません。**1冊ずつ手に取って見ると、必要がない本だと気づくのです。**

だから、「1段ずつ」が大切で、余力があったら2段目、3段目と進みます。もし、今日は1段だけと決めたら、それ以上はしなくても大丈夫。2段目は明日すればいいのです。

別のお宅では、本棚は寝室にありました。でも、そこには到底入りきらない本が、部屋中のいたる所に積まれていました。

そこで「1段ずつ」の要領で、床に積まれた本、ベッドの下にびっしりある本、クローゼットの中に所狭しとある本、と分けて行いました。料理の本も多かったので、「今後作りそうですか?」とお聞きして「作らないわ」という本を手放しました。

分厚い通販カタログは4冊ありましたが、残したい1冊を選び3冊は手放すことに。1カ所ずつ整理した結果、寝室の本棚に入る量に減らすことができました。手放す本は買取業者へ持っていきました。

◌ 読まない本を手放して、新しい本を招き入れる

どのお宅でも必ず1冊はあるのが、資格・勉強の本です。時間ができたらやろうと思ってとっておきがち。でも、長年読んでない場合は、一度手放し、勉強したくなっ

たときにまた迎え入れましょう。

私は、20代のとき買った英語のテキストを、いつか勉強するかもととっておきましたが、思いきって手放しました。また勉強したいと思ったら、そのときの最新のテキストを購入します。

さて、新しい本も読みたい、でも増やしたくない……、どちらもかなえるためにはどうしたらいいと思いますか？　それは、**「本棚に入る数しか持たない」と決める**ことです。

わが家では本棚がいっぱいのときは図書館で借りています。どうしてもほしい本は、何かを手放して迎えています。片づけたお宅からも「読まない本を手放したら新しい本を迎えられ、新たな世界が広がった」と喜んでいただいています。

わが家の本棚は、1冊買ったら1冊手放すルールにして増やしません。スッキリしたリビングでゆっくり本を読むのは、楽しい時間です。

30

「家族ごとボックス」で残念な床置きは解消する

講座の一番初めに、受講生さんに「スッキリした家で何がしたいですか？」と聞くことにしていると、序章でお話ししました。数人の受講生さんから「お掃除ロボットを使ってみたい」との答えが出ます。今は床にものがあるので、お掃除ロボットを使うのは無理なのだそう。

床にものがないだけで、部屋がスッキリして広く見えます。「空気の流れが良くなった」という方も。さらに、お掃除がしやすく、ケガのリスクも減らせます。シニアのケガは圧倒的に転倒が多く、その半数以上が家の中で起こるようなのです。

とくに70代以上の参加者が多い片づけ講座では、床にものがあることの危険性について重要事項として、必ず話をしています。それくらい、シニアの方には家での転倒事故を防いでほしいと思っています。

◌ 棚・引き出しを片づけてから、床に

さて床置きをなくすにはどうしたらいいでしょうか？　そのカギは、リビングにある棚と引き出しです。床に置かずに、この中に収められればいいわけです。棚や引き出しにはすでにものが入っていて、余裕がないと思った方もいるかもしれません。

125ページでリビングはテーブル・ソファ・棚・床の4ゾーンに分け、1ゾーンずつ順番に作業をすると、紹介しました。つまり、床を始める前に、棚や引き出しのものを減らしておきます。

まず、どこの棚でも引き出しでもいいので、1段だけやってみます。ものを全部出して、要不要に分けます。不要なものを手放すだけで、かなりスッキリするはず。これを2段目、3段目と続けて行くと、1段丸ごと空いたなんてことが起こるのです。

残すものを決めるときは、リビングで使うものだけに絞ります。必要だけれどリビングでは使わないものは、使っている場所に移動しましょう。

そして次に、床に置いてあるものに取りかかります。もし、床置きが広範囲なら入り口、棚の前、テーブル周りといった具合にゾーン分けして片づけます。

一気にやろうと思うと嫌になるので、まずは1カ所で大丈夫。でも、「1カ所片づくとやる気になって、他もやりたくなる」というのが、多くの受講生さんの感想です。

棚や引き出しと同じで、床に置いてあるものを要不要に分けます。不要なものを手放し、必要なものを残します。処分するかどうか迷うものは処分しないで残しておきます。

迷っているものを処分してしまうと、あとで後悔することがあります。片づけを進めていくと弾みがついて、必ず手放せるようになるので、その時を待ちます。

◌「家族ごとボックス」にぴったりなものは？

リビングで必要なものは、持ち主別に分けて、空いた棚・引き出しに収めます。全部収まればいいのですが、難しいお宅も多いと思います。無理に収めると、はみ出して、すぐ床置きに逆戻りに。そんなときは「家族ごとボックス」を用意しましょう。棚に入りきらなかったけど処分したくないものは、このボックスに入れておくのです。

夫のもの専用のボックス（写真はダイソーのストレージボックスの大きいサイズ・400円）。さらにマットを敷き、帰宅後バッグを置く場所に。夫が自分で管理し、他の場所へ置かなくなりました。

選ぶポイントは5つです。

・**フタなし**…ものが出し入れしやすい
・**深すぎず、浅すぎない**…深いとものが迷子になり、浅いと容量が少ない
・**取っ手つき**…掃除のとき移動がラク
・**スクエア型**…丸型よりムダなく入る
・**布製**…軽くて、感触が優しい

片づけサポートでは、5ポイントを満たしているダイソーのストレージボックスを使っています。

ボックスにまとまっていれば見栄えが良くなり、家族が自分で管理するようになって散らかりにくいのです。

31 「終わったものを減らす」だけで紙類は無理なく半分以下になる

紙類は、「多い」「整理方法がわからない」とお困りの方がほとんどです。でも、片づけサポートで伺ったお宅では、これから紹介する方法で無理なく半分以下に減らせています。やり方は簡単。すでに用事が済んだ紙を処分するだけ。どのご家庭も不要な紙を持ち続けて、ストレスを抱えているのです。

紙類の整理のコツはこの2つです。

1つは、先に収納を考えないこと。多くの方が専用のケースを買わないといけないとか、収納のやり方がわからないと悩んでいます。でも、数を減らせば、収納に特別なテクニックは必要ありません。専用のケースを買わずに、家にあるもので済んでしまうことも多いのです。**まず不要な紙を処分することに集中しましょう。**

2つめは、棚1段ずつ整理をします。ファイルボックス1つでもいいですね。大量の書類を目にしたら、やる気が失せてしまいます。まず棚1段を全部出します。**1枚ずつ手に取って、要不要に分けます。**余力があったら、2段目をやってもいいですが、1段で終わってもOK。あとは、明日に回します。

まずは、以下の4種類の紙を処分しましょう。

1 すでに終わったイベントなどのお知らせの紙

2 壊れて処分した電化製品の取扱説明書

1と2は明らかに不要なもの。これらを減らしただけで、紙類の量は減るはずです。

3 インターネットの情報をプリントアウトした紙

必要なときに、あらためてプリントアウトをしましょう。今後はスマートフォンを活用し、プリントアウトしないようにします。

4 旅行のパンフレット

いつか行きたいと思ってとっておきがちですが、本当に行くときにまたもらえばいいのです。眺めて楽しむために1、2冊だけ残して、他は手放します。

◌ 迷うものは処分しなくても大丈夫

なかなか要不要が決めにくい紙類といえば、領収書・レシート・クレジットカードの明細書など、お金まわりのものです。何を残すかは人それぞれですが、私の場合をご紹介します。

仕事関係の領収書やレシートは、確定申告があるのでとっておきますが、プライベートのものは大きい買い物だけ残します。買い物はほぼクレジットカード支払いなので、明細書は2年分だけ残します（見覚えのない買い物がないかは毎月確認します）。水道光熱費などの公共料金の領収書は、急激に増えていないか確認したら処分します。

でも、**お金まわりのものは、要不要を迷います。それらは無理に処分せず、とっておいて大丈夫（チャック付きポリ袋に保存すると、中身が見えて便利）**。なぜなら、先にあげた4種類のものを処分すれば、紙ものは半分くらいに減るからです。

それから、よく質問を受けるのが「ポイントカード」です。1年以上行っていないお店のものは処分しましょう。私はお財布に4枚、家に2枚の合計6枚にしています。

手元に残った紙類は種類別に分け、中身が見える透明なクリアホルダーに入れ、インデックス（見出し）をつけます。そして、頻度別にファイルボックスに入れるだけです。よく見る紙類のファイルボックスはリビングの棚へ、ときどきしか見ない保険や住宅の書類などの紙類のファイルボックスは押し入れなどへ、それぞれ収納します。

最後に、紙ものを増やさないコツをお話しします。

出し入れが多い、よく見る紙類が入ったファイルボックスは、月に1回チェックします。といっても、「もう終わったもの」を処分するだけで、5分で終了。テレビを見ながらでも仕分けでき、楽チンです。

紙類はクリアホルダーに入れ、インデックスをつけてファイルボックスに。私は、よく使うものをワークスペースに置いています。

32
ショップバッグ・お菓子の箱・切り抜きは「ここに入るだけ」

放っておくと、どんどん溜まってしまうものの減らし方をまとめて紹介します。

まずは、**ショップバッグ（紙袋）**。みなさんのお宅にもたくさんありませんか。好きなブランドやおしゃれなデザインのものは、なかなか手放せない方も多いと思います。畳めばコンパクトになるからと、つい家具と家具の隙間などに入れてしまいますが、数が増えるとかさばります。

そこで、おすすめしたいのは**「ここに入るだけ」とルールを決めてしまう**こと。家具と家具の隙間ではなく、棚や納戸に定位置を決め、はみ出さない量を持つようにします。入らない分は、思いきって手放しましょう。

手放すのがもったいないと思ったショップバッグは、棚や引き出しを仕切るボックスとして使うことがおすすめ。棚や引き出しのサイズに合わせてカットすれば、ピッタリのボックスが完成。汚れたら、今度こそ心置きなく手放せます。

それから、お土産でいただいたり、お取り寄せをした**お菓子の箱**も、ついつい「何かに使えそう」ととってあるもの。

片づけサポートで伺ったお宅で、家の至るところに、箱が積み上がっていたことがありました。それは芸術的とも言えるほどで、「よく倒れてこないな」と感心。でも、ぶつかったらドミノ倒しになりそうな状況で、ケガをする危険があるので減らすことを提案しました。

お菓子の箱も同様に厳選して、「ここに入るだけ」持つようにしましょう。「何かに使えそう」と曖昧にするのではなく、「便箋と封筒を入れよう」「裁縫セットを入れよう」など使い方を決めたものだけ残すようにします。

お店・健康・料理の切り抜きを増やさないコツは?

さらに、**行きたいお店、健康情報、料理のレシピの切り抜き**がどんどん溜まる、という話もよく聞きます。新聞や雑誌などを読んで、「いつか行こう」「いつかやろう」

「いつか買おう」「いつか作ろう」と思って切り抜いていたら、もはや何を切り抜いたのかわからず、ただ散らかっているだけに……。私もそんな状況に陥ったことがあります。そこで、私の増やさないコツをご紹介します。

・**行きたい店の切り抜き**…管理が面倒なので切り抜くことをやめて、手帳に書き出すことにしました。お店の名前、お店の種類、大体の場所、値段をサササッとメモし、実際に行くときはネット検索しています。スマートフォンのメモ機能などを利用してもいいですね。

・**健康情報の切り抜き**…健康・病気に関しては日進月歩で、古い情報が通用しないことも。1年など期限を決めて、箱やケースに入れておきます。「ここに入るだけ」と決めて、はみ出したら、古いものから手放します。

・**料理の切り抜き**…私は切り抜くことで満足してしまい、作りませんでした。そこで、「今日作りたい」ものだけ切り抜いて、その日のうちに作ります。1週間作らなければもう出番はないと思うので、手放しています。

33 今すぐ移動！命の危険に関わる「ドアをふさぐ段ボール箱」

リビングの床、とくにドアの近くに段ボール箱が置いてあるお宅は、意外に多いのですが、ドアが開けにくく、出入りが不便です。さらに、災害のときに障害物となる可能性があり、逃げ遅れることも。命の危険につながるので、今すぐ移動してほしいと思います。

段ボール箱には、ペットボトルの水のストックが入っていることが多く、たいていは「ここしか置く場所がない」とおっしゃいます。なかには、つぶした段ボール箱がそのまま立てかけてあるお宅もあります。

以前片づけサポートで伺った、おひとり暮らしの方は、ドア近くにあった飲料・料理用のストックの水をしまう場所を確保するために、キッチンを片づけました。

でも、今後ひとりで定期的に水をキッチンに移動するのは大変です。そもそも水の購入が必要かどうかを考えることも、大切だと思います。

わが家の場合は、基本的に水道水を使っています。非常用として、ペットボトルで家族3人分を1週間分（1人1日3L×3人分×7日分）の準備があります。相談者さんにも、参考までにそうお話しすると、同じようにされるとのこと。

便利だなと思っていたものも、年齢やライフスタイルの変化とともに見直していくことが大切です。

◯ペット用品の床置きも見直して

もうひとつ、リビングの中で場所をとっているものと言えば、ペット関連のものがあります。

ペットも家族なので、ケージがリビングにあるのが一般的ですが、気になるのはペットフードやトイレシート、おやつ、ブラシ、お洋服などのお世話グッズが散らかっていること。

それらがケージの近くにあったほうが、便利なのはわかりますが、ストックも一緒に置いてしまうと、リビングがごちゃごちゃして居心地が悪くなります。

たとえば、ストックは1週間分などと分量を決めてリビングに置いて、残りは棚に入れたり、納戸に移動させたりするのはどうでしょうか。

リビングに置くものは、136ページの家族ボックスを利用しても。ペット用のボックスを作れば、ごちゃごちゃしません。たったこれだけのことですが、見違えるようにリビングがスッキリ。すぐにできることなので、試してみてください。

PART 5

楽チン「洗面所・浴室」はサクサク終わらせる

34 手放しやすい「試供品・ホテルのアメニティグッズ・イマイチ化粧品」

玄関、クローゼット、キッチン、リビングと片づけてきましたが、次は洗面所です。場所を追うごとに片づけ力がついてきているので、洗面所は簡単に思うかもしれません。

このあと、最大の難関の押し入れ・納戸が控えているので、ここで少し小休止。今まで積み上がってきた片づけ力を生かして、サクサクと終わらせてしまいましょう。

洗面所のメインは、洗面台です。化粧品やヘアケア用品など、細々したものがたくさんあって、ごちゃごちゃしがちです。そこで、まずはこの3つ、**試供品、ホテルのアメニティグッズ、イマイチだと感じて使っていない化粧品を手放してみてください**。これらがなくなるだけで、洗面所が見違えるようにスッキリします。

化粧品の試供品やホテルのアメニティグッズを、大事にとっておいている方は多いと思います。ブランド品が多いので、もらうときはワクワクしますが、その後、意外にも使っていないことが多いのでは？　とくに顔につけるものは、使い慣れていないと慎重になります。

私も以前はホテルのアメニティグッズに心惹かれ、泊まるたび大事に持ち帰っていました。でも、溜まるだけで、家では固形石鹸しか使うことがないと気がつき、今は、どんなにおしゃれなものでも手を出さないようになりました。

試供品やアメニティグッズの使用期限は諸説ありますが、未開封で半年〜1年と言われています。中身の劣化が気になるので、できるだけ早く使うことがおすすめです。いつもらったかわからないもの、一度開けたものは思いきって処分しましょう。

◯ 使っていない「イマイチ」のものには理由がある

そして、化粧水、アイシャドウ、口紅、ヘアムースなど、使いかけで残っているものが必ずあると思います。「お店ですすめられたけれど、ラメがキラキラしすぎているアイシャドウ」「塗ってみたら色が地味すぎて老けて見える口紅」「香りがきつく感じるヘアムース」など、**「イマイチ」だと感じているのには理由があり、残ってしまったのです。**

高かったから、まだたくさん残っているからと、手放すことができないかもしれませんが、「イマイチだな」と思った時点で、その化粧品をもう使うことはないでしょう。開封していると劣化が心配です。

それに、お化粧をするときは気持ちがワクワクするはずなのに、**イマイチな化粧品を使っても楽しくないですよね。**次回購入するときは、同じ失敗をしないと心に決め、イマイチな化粧品は思いきって手放しましょう。

使っていない試供品、アメニティ、化粧品を手放すだけで、スッキリした洗面所になります。これからは、自分の好みではないものは、もらわない、買わないを心がけたいですね。

ハンドソープ以外は外に出していない、わが家の洗面台。手前のハンドタオルは、洗面台まわりの水滴を拭くもの。水垢がつくのを予防できます。

洗面台の収納は、ここで使うものだけを入れています。細々したものは100円ショップの半透明のケースに入れて。中身が見えるので便利。

洗面台は「一目でわかる収納」にする

35

受講生さんにわが家の洗面台の写真をお見せすると、「何も置いていないんですね」とびっくりされます。たしかにハンドソープしか置いていません。

お宅によっては、歯磨き粉、歯ブラシ、ヘアブラシ、ドライヤー、シェーバーなど毎朝使うものが、外に置いたままになっています。収納はすでにいっぱいのため、窓に並べられていたり、床に置かれていたりする場合もあります。掃除がしにくく、不衛生になるので、できるだけ、ものは収納の中に入るようにしたいですね。

洗面台をスッキリさせるためには、ものが外に出ないように、収納に収めることが大切です。そこでまず、洗面台の収納に入っているものを全部出してみましょう。

受講生さんから、洗面台の収納にこんなものが入っていたと報告を受け、講座で

「あるある」と共感したことがあります。

たとえば、旅行用の化粧品詰め替えボトル（いつか使うかもとたくさんあった）、綿棒の空のケース（何かに使えそうとたくさんとっておいた）、昔流行った美顔器（電源が入らず壊れていた）など。歴代の壊れたドライヤー（5台も！）を持っていた方も。これらは、今は使っていないものなので、手放すことをすすめました。

ホテルの使い捨てスリッパを20足もしまっていた方もいました。東日本大震災のとき、家中にものが散らばりスリッパが必須だった経験から、溜めてしまったそう。必要な数（3人家族でしたので、1人2足×3人で6足に）を決めて、それ以外は手放すことにしました。

洗面所とは全く関係ない漫画本が入っていた方もいて、みんなで笑いました。

使いかけで残っている洗剤は処分する

ものを全部出し、今使っていないものを手放すと、かなり余裕が出ると思います。

悩むもののひとつに、洗剤があります。開封したのに、ずっと使っていない。でも、まだけっこうな量が残っているからもったいないと、処分できない。

使いかけで残っているものは、香りが好みでないなど、何らかの理由があるはず。もう出番はないので、思いきって処分しましょう。洗剤のストック（未開封のもの）は1～2本と数を決めて、それ以上は増やさないようにします。

使っていないものを手放したら、いよいよ収納です。ポイントは**「一目でわかる収納」**にすること。数を減らしたら、歯磨き関連、化粧品関連などグループ分けをして棚にしまいます。家族別に棚を作り、本人に管理してもらうのも手です。

小さいものはケースに入れて収納しましょう。100円ショップの半透明のプラスチックケースがおすすめです。半透明なので中身が見え、使い忘れることがありません。残りの量がわかり、無駄買いが防げます。歯磨き粉や洗剤が漏れた場合も、ケースを拭くだけで済むので、掃除がラクです。

洗面台下は奥行きがあるので、100円ショップのファイルボックスやカゴが便利です。わが家では、洗濯用のハンガー、ドライヤー、洗剤のストックなどを、グループ分けしてファイルボックスに入れて収納します。

洗面台下は、100円ショップのファイルボックスやカゴを使って、奥行きも活用。扉を開けると中が全部見える「一目でわかる収納」にすれば、使いやすいです。

洗面所を「一目でわかる収納」にすれば、無駄買いも減らせて掃除もしやすく衛生的。いいことづくめです！

洗面所のあとは、浴室もやってしまいましょう。浴室の悩みは、何と言ってもカビやヌメリ。

タオル掛けなどにS字フックをつけて、手桶や洗面器は吊るす収納に。床に直接置かないだけで、水分が切れてカビやヌメリを防げるのです。

使っていないシャンプー類や美容グッズなどを処分し、ものを少なくするだけで、掃除がしやすくなって、清潔に保てます。

36 化粧品は「いつも」「たまに」「ストック」に分類

化粧品の収納は、ドレッサー、洗面台、リビングなどお化粧する場所によって、人それぞれかと思います。でも、**「ものを全部出す→要不要に分け、不要なものを手放す→頻度別に分けて収納する」は、場所はどこであってもやり方は同じです。**

片づけサポートで伺ったお宅では、大きな引き出しにたくさんの化粧品をまとめて入れていました。毎朝お化粧をするとき、必要なものを探すのが大変なのが悩みだそう。このお宅を例に、化粧品の片づけ法を解説します。

1　ものを全部出す

引き出しの中に入っていたものを並べてみると、化粧水、乳液、美容クリーム、ナイトクリーム、目元のクリーム、パックが各2個、アイライナー、アイブロウ、マスカラ、チークブラシが各3本、口紅とアイシャドウが各5個、マニキュアは10本ほど。その他に、まだ使っていない箱入りの美容クリームが10本！　お付き合いで購入しているそうですが、「こんなにたくさんあるなんて」とご本人もびっくりしていました。全部出すことは、何が何個入っていたか把握できるので、とても大切です。

2　要不要に分け、不要なものを手放す

たくさん持っていても、使っている化粧品はほんの一部です。使っていない「イマイチ」だなと思っているものを手放しました。また、劣化しやすいマスカラやマニキュアは中身を確認し、カピカピに乾燥したもの、チークブラシなど2個以上持っていた化粧道具は、使いやすいものを1本残して残りを手放しました。

手放す化粧品や道具は、使っていないものです。気に入って使っているものは、手放さなくて大丈夫。これだけで、かなりの量を減らせました。

3　頻度別に分けて収納する

化粧品は、「いつも使う」「たまに使う」「ストック」の3つに分けます。「いつも使

う」ものは取り出しやすい引き出しの手前に、「たまに使う」「ストック」ものは奥に、それぞれを家にある箱や100円ショップのケースに入れて収納します。「たまに使う」は、友達との外食や観劇など、少し改まった席に行くときに使うものなどですが、とくに必要なければ作らなくても大丈夫です。「ストック」とは、すべて未開封のものです。開封したものはストックではないので、使っていなければ手放しましょう。相談者さんの10本あった箱入り美容クリームは、ストックとして引き出しの奥へ。あと1年は、美容クリームを買わなくていいことがわかったことも、有意義だったようです。

できあがった収納を見て、相談者さんは「引き出しを開けるとワクワクします！」とうれしそう。お化粧時間が楽しくなったようです。

最後に、私の化粧品の収納のことをお話しします。お化粧は家事の合間5分でチャチャッとリビングで済ませるので、リビングに置いています。**収納には、高さ5〜6センチほどの小さなケースを使っています**。お化粧は気持ちが引き締まるので365日していますが、化粧品は必要最小限しか持っていません。

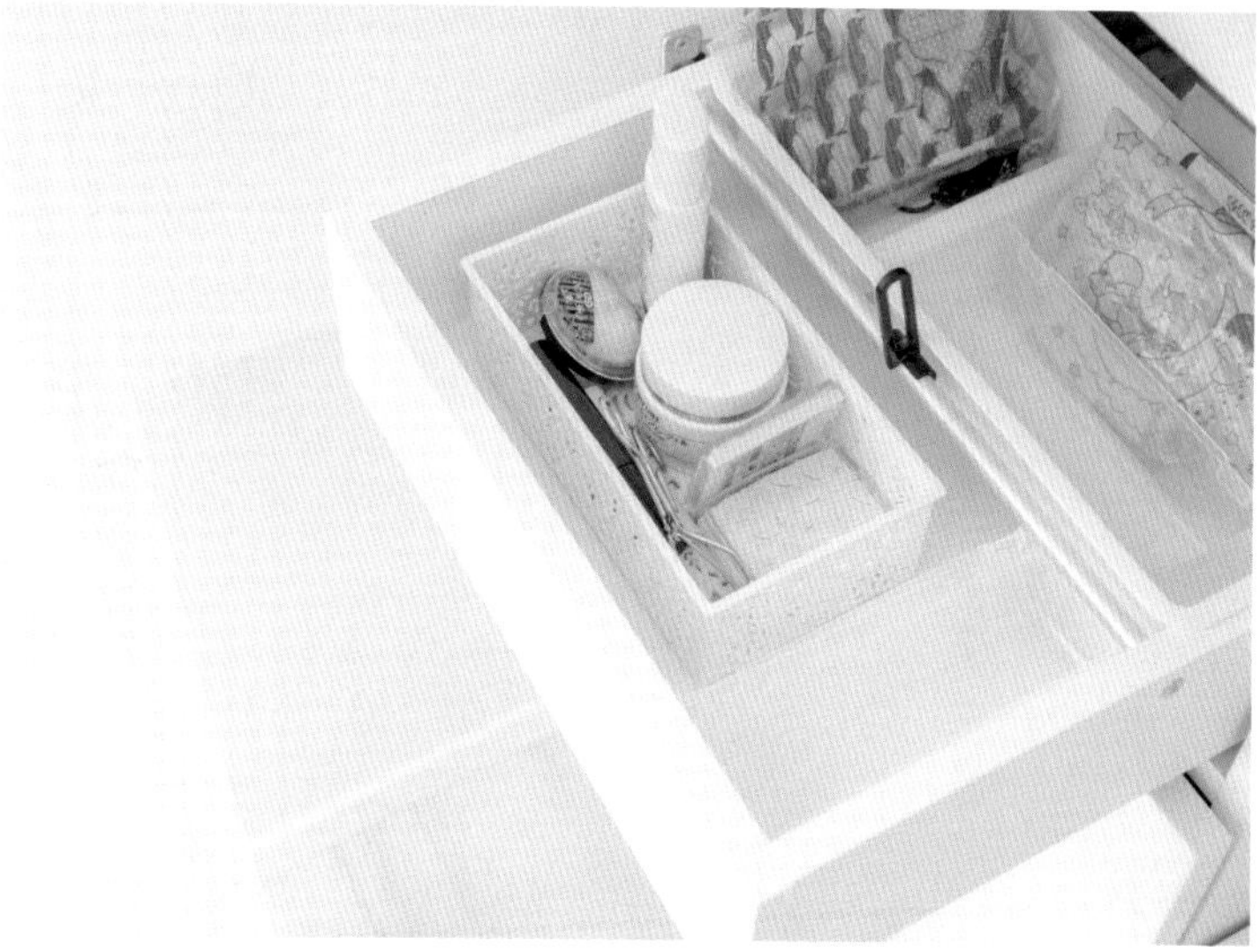

リビングの引き出しに入れている化粧品。毎日お化粧をしていますが、これだけで十分です。ケースはフタなしがラク。ケースごと出して、終わったらまた戻します。

化粧水とクリームがひとつになったジェル、UVカット乳液、アイライナー、アイブロー、コンシーラー、アイシャドウ、チーク、ファンデーション、口紅、ビューラー、マスカラが各1個です。「たまに使う」はありません。4色パレットのアイシャドウを使い、オンオフで使い分けています。

日に何度も使うリップクリームと口紅の2本をダイニングテーブルのトレイに入れて。「ストック」はクレンジングのみで洗面所に収納しています。

化粧品をスリム化し、使う頻度で分けておくと、お化粧時間が短縮されて、毎日の暮らしも楽しくなります。

37

タオルは消耗品。使って使って溜め込まない

60代以上のシニア世代の持ち物で多いのは、洋服、食器、その次はタオルです。とにかくたくさんお持ちです。片づけサポートでご自宅へ伺って片づけても、どんどんタオルが出てきます。なかには、新品なのにシミがついている残念なものも。こうなると、もう使いたくないですよね。だから、受講生さんには「タオルは溜め込まないで、どんどん使いましょう」と話しています。

洗いすぎてゴワゴワになったタオルより、新しいふわふわのものを使ったほうが、気持ち良く生活できます。古くなったタオルは、最後に拭き掃除をして使いきりましょう。

自分で使いきれないときは、寄付するのもいいですね。受講生さんで、新品のものをお近くの高齢者施設に寄付して喜ばれた方がいました。

収納に場所をとる**バスタオルを、「思いきってやめた」**という受講生さんが何人もいます。フェイスタオルで体を拭いていますが、物足りないことはないそう。収納もスッキリし、洗濯しても乾きが早くて家事がラクになったと、満足されていました。

わが家はバスタオルを使っていますが、お手頃価格の薄手のものにしています。薄いから収納場所をとらないし、洗濯をしても乾くのが早いのです。収納するときに、バスタオルの畳んだ輪の部分が見えるようにすると、スッキリします。

◌ バスマットを手放した受講生さんも

さらに、**バスマットを手放した**方もいて、足までフェイスタオルで拭くそう。「厚手のバスマットを洗濯しなくて済むのが、手間がかからず快適」と話してくれました。他にも、洗面台前のマットを手放した方もいます。「洗濯がラクになったのはもちろん、滑ってケガするリスクが減った」と教えてくれました。

こんなふうに片づけを進めると、受講生さんが自分でどんどん工夫されるようになります。「片づけが苦手」だったとは思えないような、楽しそうに片づけをされている様子に、毎日の暮らしが変わり、人生がハッピーになったんだと実感します。

PART 6

難関「押し入れ・納戸」の片づけは一番最後に挑戦

思い出が詰まった押し入れは家中を片づけた後、「一番最後」に

38

最後は、いよいよ押し入れ・納戸です。思い出があるものが詰まっており、難しく感じるかもしれません。でも、家中を片づけてきたみなさんなら、もう大丈夫です。

片づけサポートに伺ったお宅で、押し入れにものがぎゅうぎゅうに詰まっていて、布団が外にはみ出していることも珍しくありません。押し入れに布団が入りきらないので、新しく収納棚を買い、「その収納棚が邪魔で、押し入れの戸の開閉がしにくくなった」と、新たな悩みを作っているお宅もありました。

これまでくり返しお伝えしてきたとおり、新たな収納棚を買うのは、ものを減らしてからです。押し入れの場合も同様で、ものを減らして片づければ、布団が中にちゃんと収まる場合が多いのです。収納棚を新しく買う必要がないので、まずは本章を読んでものを減らしてみてください。

押し入れのような大きい場所を片づけるときのポイントは、**一気にやらない**こと。天袋、上の段、下の段と分割して、少しずつ作業しましょう。時間をかけて一気にやろうとすると、嫌になる原因になります。やり方は、他の場所でも紹介したように、この3ステップです。

1全部出す↓2要不要に分けて不要なものは手放す↓3「用途別」「頻度別」に分類して収納する

私が片づけサポートや講座でアドバイスをしたシニアの方々が、押し入れにとくにたくさん溜めているもの（布団・座布団、写真、子どものもの、プレゼント、趣味のもの、家族の遺品、置きっ放し段ボール箱）に絞って、172ページから「手放し方」を紹介します。

◌収納ケースは家にあるもので間に合うことも

まずは、本当に必要なものだけを残し、あとは手放します。ものを減らしてから、収納です。

ものを取り出す頻度によって、2つのケースを使い分けると便利です。よく取り出すものは、引き出しタイプのケースに入れて手前に収納。そして、あまり取り出さな

わが家のフタ付きケースは元々キャスターが付いていたタイプ。あまり取り出さないもの（娘の思い出のもの）を収納して。

いものはフタ付きのケースに入れて、奥に収納します。

中身が見えるプラスチックケースなら、何が入っているかわからなくなることはありません。

また、押し入れは奥行きがあるので、引き出し、フタ付きのどちらのケースにもキャスターを付けておくと、取り出しやすくなります。

100円ショップで粘着テープ付きのキャスターが売っているので、手持ちのケースに貼ってもOK。

せっかくものを減らしたので、なるべく増やさないようにしたいですね。

◌ 物置部屋は、本来の部屋として使えるように

片づけサポートで伺う多くのお宅には、「物置部屋」があります。ひと部屋が物置になっていて、相談者さんからは「片づけて客間にしたい」「高齢の親と同居するための部屋にしたい」というご要望があります。

順番としては、押し入れを片づけて、ものを入れる空間を作ってから、物置部屋に取りかかります。やり方は同様です。ただし、**押し入れ以上にスペースが広く、ものもたくさんあると思うので、一気にやらないこと**。4～5カ所にゾーン分けし、今日はここだけ、明日はこっちと少しずつ進めましょう。

家中の他の場所を片づけて、片づけ力がついているので、必ずできるはずです。

ものが少なくなると、みなさん「床が見えた！」と感激されます。実際、マンションが手狭になり、広い一戸建てに引っ越し予定だった方が、片づけたらひと部屋空いたので引っ越しをやめたということもあります。片づけるだけで、大きな買い物をしなくて済みました。

39

押し入れを占領する客用布団は「貸し布団」にしてハッピーに

ここからは、片づけサポートや講座でアドバイスをしたシニアの方々が、押し入れにたくさん溜めているものの「手放し方」を紹介します。

まずは布団です。お子さん、お孫さんが泊まりに来るのは年に何回ですか？　同じ質問を講座ですると、「年1回」と答える受講生さんが多く、ほとんどのお宅でその「年1回」のために布団を用意していました。

布団だけでなく、カバーやシーツ、タオルケット、枕カバーなど、布団まわりのアイテムもたくさんお持ちです。また布団は、使ったら押し入れに収納すれば終わりではなく、布団を干す、布団カバーやシーツ、枕カバーを洗うという作業があります。多くの方は、「これが毎回面倒です」とおっしゃいます。

収納に場所をとる、干す・洗濯することに手間がかかる、この2点を考えて、受講生さんの中で客用布団を思いきって手放した方がいます。**お子さん家族が泊まりに来るときは、貸し布団を利用しているそうなのです。**

この受講生さんによると、「今の貸し布団はフカフカでいいですよ。せんべい布団だと思っていたけど、全然違います」とのことです。

シニア向けの講座でこの話をすると、多くの受講生さんが大変興味を持たれます。押し入れを占領している布団をなんとかしたいと思っている方が、本当に多いんだなと思いました。

◌布団を手放す方法を考えてみる

参考までに、布団を手放す方法をいくつかご紹介します。どの方法にするかを決めると、手放しやすくなります。

・リサイクル店に買い取ってもらう

新しいもの、ブランドものは買い取ってくれる場合もあるようなので、一度問い合わせてみましょう。

・粗大ゴミとして出す
一番現実的ですが、少額の費用がかかります。住んでいる自治体のルールに従いましょう。
・自分で細かく切って可燃ゴミとして出す
実際にやった方から聞くと、かなり大変だったとのこと。あまりおすすめはできませんが、これならゴミ袋代だけですみます。
・業者に引き取ってもらう
金額など様々なので、何社か問い合わせをしたうえで、業者さんを決めましょう。
・ほしい方に差し上げる
私の経験ですが、外国人のホームステイをされている知人のお宅に、余っている布団を差し上げて喜ばれました。

◌使わなくなった座布団も手放して

布団と同じく場所をとるものとして、座布団があります。以前は必需品でしたが、最近は多くの方が畳に座らない生活になりました。とくにシニアの方は正座が膝につらいと、椅子かソファの方が多いです。お客さんも椅子に座ってもらうので、座布団を使わなくなり手放したという受講生さんに聞くと、「なくなっても困らない」とおっしゃいます。

全てを手放せないときは、一度に来るお客様の人数を考えるなどし、必要最小限の数を残しましょう。

もし、どうしても手放せない思い出の布団や座布団なら、ソファ用の長座布団にするなど、打ち直しができるサービスを利用しても。今の生活で使えるものを考えて、作り替えるのは良いアイデアですね。

布団も座布団もずっと持っていたものなので、手放すのはためらうことも多いと思います。でも、**常識にとらわれずに、今の自分の生活を主役に考えてみましょう。**

できるだけ生活を身軽にすることが、これからハッピーに暮らしていけるコツだと、受講生さんを見て感じます。

40

写真はイベントごとに「ベストショット3枚だけ」を残す

思い出のものの中でも、一番整理が大変なのが写真です。全然整理していない方は、「段ボール箱にたくさん入っています」とかなり困っているよう。アルバムに整理している方でも、「アルバムが重くて大きくてかさばる」そうで、いずれにしても悩みが多いものです。

写真は、幼少の頃、学生時代、勤務時代、結婚式、子どもの写真、家族旅行、レジャーなど、数十年分の自分の歴史です。まずは、だいたいの年代ごとに写真を分けてみます。

「この写真はどこに入れようかしら」と、年代を追ってきちんと整理したくなりますが、完璧を求めると挫折する可能性大。**写真整理のポイントは、きちんとしすぎないこと。「だいたいこの辺り」で大丈夫です。**

私も子どもの写真整理で時系列がうまくいかなくて、一度投げ出したことがあります。その後、「だいたいこの辺り」にしたら気がラクに。まだ途中ですが、まずは「整理する」ことが大切だと、自分の体験からも実感しています。そんな私が考えた手放し方を紹介します。

◌「手放すための3つの基準」を実践

おすすめは、**イベントごと「ベストショット3枚だけ」に絞ること**。でも、一気に3枚にするのは難しいので、段階を踏むようにします。まずは、**「手放すための3つの基準」を参考に、少しずつ手放していきましょう。**

1　豆粒のように人が小さく写っている写真

誰だか見分けがつかないほど顔が小さいものは、手放してもいいでしょう。

2　誰が写っているかわからない写真

何十年も前の写真は、写っている人が誰なのかわからなくなっている場合があるとよく聞きます。今後も判明することはないので、手放しましょう。

3　同じような写真

風景や人ともに似たものがあったら、一番良い写真を1枚選びましょう。

この「手放すための3つの基準」を目安に減らすだけで、けっこうスリムになります。次に、いよいよイベントごとに、「ベストショット3枚」を目標に厳選しましょう。必ず3枚でなくてもよく、結婚式や海外旅行は少し多めでもOK。完璧を求めなくて大丈夫です。

私の写真整理は、50代の今まだ完結していません。アルバムの背表紙に何の写真かわかるようタイトルと年代を書き、バラバラになっていた写真を「だいたいこの辺り」というところに入れました。途中の段階ですが、「手放すための3つの基準」を心がけたら、だいぶ少なくなってきました。

◌ 子どもの写真は本人に任せる

写真整理を終えた80歳間近の母は、整理中に会うたび、「中学時代の写真が出てきた」「結婚式の写真が出てきた」「亡き父の若い頃の写真が見つかった」と、楽しそうに話してくれました。大変だったようですが、**「だいたいの年代で分ける」→「3つの手放す基準」→「ベストショット3枚だけ」の手順で、無事に終えました。**

私の写真は、古いアルバムに収まったまま譲り受けました。たまに、お子さんの写真を1冊のアルバムにまとめ直して渡すという方もいますが、かなりの労力です。無理せず、まずご自分の写真整理をしましょう。お子さんの写真は、本人に渡し、整理するかどうかは自分で決めてもらえばいいと思います。

カメラが趣味の男性の受講生さんは、撮りためた写真をアルバム1冊にまとめたそうです。「自分の亡き後、いったい誰が整理するんだと思ったら、今自分でやろうと決心した」と、すがすがしい表情でおっしゃいました。

「写真を厳選したら、施設に入るときでも手軽に持っていける」という受講生さんもいました。

写真はたくさんあると、意外に見返さないものです。でも、アルバム1冊にまとまっていれば、手軽に見ることができます。厳選された写真が詰まったアルバムを見ると、思い出が輝きを増して蘇ると思います。

41

子どもの思い出のものを減らす最終手段は「5個に厳選」

「子どもが残していったものがたくさんあって、どれも捨てられません」とよく聞きます。お子さんは、結婚して独立された30~40代です。みなさん「子どもたちは片づけないで、独立しました」とおっしゃいます。わかります、私もそうでしたから(笑)。

私が実家の自分の部屋を片づけたのは、結婚17年後でした。片づけのプロになる前でしたが、どんどんものを手放している自分に驚きました。

なぜ手放せたのかと言うと、子どもが生まれてものがどんどん増え、どう片づけるかで精いっぱいで、「思い出」より「今」「これから」が大切になったからです。

受講生さんの中には「子どもは昔のものは捨てていいと言うんです。本当にいいのかしら」と言う方もいますが、私の話を聞いて納得されます。

子どものものを残しておきたいのは、実は親自身というケースが多いのです。こう話すと、シニア世代の方は、「そうかもしれない」とハッとされます。子どもの部活のユニフォーム、賞状、教科書、作文など、どれも思い出深いので、手放すことができないのです。

では、これらは誰が片づけるとスムーズでしょうか？ **お子さんご本人に片づけてもらうのがいいと思います。**親が迷うのに対し、子どものほうが手放す決心をするのが早いからです。

子どものものは5個残す

お子さんに片づけてもらったほうがいい、もうひとつの理由を私の事例でお伝えします。

実家で母がものを整理しているとき、私のものがまだ残っていると聞き、実際に見に行ったことがありました。そして、私が「これは残しておく」と言ったものに対して、母は「どうしてこれを残しておくんだろう？」と不思議に思っていたそうです。

価値観は人によって違うので、私と母とでは残しておきたいものが違っていて当たり前。だから、お子さん本人が片づけて、必要なものは引き取ってもらい、不要なものは処分したほうがいいのです。

でも、遠くに住んでいる、忙しいなど、本人がなかなか片づけられない場合もあります。ある受講生さんは、離れて住んでいる息子さんに「携帯電話で撮った写真を送って、確認しながらものを手放した」とおっしゃっていました。これはとても良い方法だと思いました。

でも、どうしても難しいとご相談されるときがあります。そんなときの最終手段をご紹介します。お子さんの了承を得てからという前提がありますが、**思い出のものの中から5個を吟味して残してはいかがですか。**

ポイントは「選んで残す」ということです。 1個には絞れないし、3個だと少なすぎて迷いそう。10個では多くて管理が大変です。だから、5個がちょうどいいのです。とはいえ、これはやむを得ない場合に限ります。どうしても子どものものを親が片づけなければいけないとき、参考にしてみてください。

42

プレゼントは「気持ちをいただく」。ものは手放してもいい

人からのプレゼントは、なかなか手放せません。「趣味に合わなかった」「使う場面がない」などが理由で使っていなくても、プレゼントしてくれた方のことを思うと、ついとっておきがちです。

ある受講生さんのお話をご紹介します。知り合いから譲り受けたブランドものの小ぶりなバッグは、その方にとっては小さすぎて、なかなか使う機会がありませんでした。ちょっとした外出に持とうと思っても、なかなかそんな機会もありません。サブバッグと一緒に持つなど努力をしたものの、うまく使えず結局クローゼットに眠ったまま。家の整理を始めたので、思いきってリサイクルショップに出し、手放すことにしました。

その後、「これでよかったのか?」という気になり始めて、リサイクルショップに連絡をして返してもらおうとしましたが、もう売れてしまったそう。「プレゼントしてくれた方の気持ちを裏切ったのではないか、せっかくの恩をお金に替えたのではないか」と気にして、私にメールで相談をされました。

私はこうお返事しました。

「使うことを一生懸命考えて、できる限り使いました。だから、**その方の気持ちを十分受け取っている**と思います。逆にこう考えてみてください。人に何かを差し上げるとき、自分自身がうれしいですよね。きっとその方もプレゼントしたとき、うれしかったはず。

そして、バッグは、今気に入って買った方のもとで、第二の人生を送っています。**ものは使われて初めて輝きます**から、使っている方はもちろん、バッグも喜んでいるはずです」

すぐに受講生さんから、安堵と喜びのメールが来て、私もホッとしました。

◌ プレゼントするときに心がけたいこと

もうひとつ別のエピソードをご紹介します。今度はプレゼントする側のことです。

私は、講座などで小さいお子さんのママから、「子どものおもちゃが増えて困っています。私と夫の両親がたくさん買ってくれるので……」というご相談を受けます。

この本の読者はシニア世代なので、プレゼントする側。かわいいお孫さんのために、ついつい買ってあげたくなるお気持ちはわかります。

そこで、みんながハッピーになれるアドバイスを2つお伝えします。

1つ目は、プレゼントは誕生日やクリスマスなどの、特別な日にしましょう。2つ目は、お子さんにほしいものを聞いてからプレゼントしましょう。せっかくプレゼントするのですから、お子さんもお孫さんも喜ぶものを。ぜひ、試してみてください。

43

趣味のものは「今後やる？」と自分自身に聞いてみる

「以前の趣味の手芸用品が、段ボールに何箱もありますが、どうしたらいいですか？」という受講生さんからの質問、とても多いのです。

私が「これから手芸をするご予定はありますか」と聞くと、「細かい作業は目がつらいので、もうやりません。今は家庭菜園で忙しくて、そんな時間はないですね」といった答えが返ってきます。

押し入れに、ずっと前の趣味のものが残っていることがあります。「いつかまたやるかも」「道具を一式揃えたので、処分するのはもったいない」と、今はやっていないのに、とっておいているのです。

受講生さんを見ていると、やりたいことがたくさんあるご様子。だから、以前夢中

になったことでも、**今やっていないなら、「今後やる？　やらない？」と自分に聞いてみます**。そして、「やらない」と答えが出たら、手放しましょう。同じ趣味の方に譲るのも、ひとつの方法です。

また再開するかもと思うなら、厳選して残しておきます。段ボール箱3個分なら1個分に、大きい箱1個分なら小ぶりな箱1個分など、3分の1から半分に減らしてはいかがでしょうか。

ご自身で作った手芸作品をたくさんお持ちの方もいます。一生懸命作った、素敵な作品を手放すのは難しいですよね。そんなときは、無理に手放さなくても大丈夫です。他の「不要なもの」を手放すとスペースが空いて、手放せない大切なものはとっておくことが可能になります。

また、片づけを進めていくと、徐々に「減らしてもいい」という気持ちになるので、そのときはお気に入りを厳選して残し、残りは手放しましょう。

◌ 健康器具はあと1カ月使わなければ手放す

健康器具があるお宅も多いですね。わが家にも自転車をこぐ器具がありましたが、最初しか使わずに結局は手放しました。健康器具も、同様に「今後やる？　やらない？」と自分に聞いてみます。今すぐ決心がつかないときは、「あと1カ月使わなければ手放す」と決めましょう。1カ月使わなければ、今後使うことはないと思います。

それから、スキーウェア、キャンプ用品、テニスラケット、アウトドア用品なども同様の方法で手放しましょう。私は、デザインに流行のあるスキーウェア、20年近く使っていなかったスキー板やキャンプ用品は手放しました。

もしまた、スキーやキャンプに行きたくなったら、レンタルにします。場所もとらず管理もしなくていいので、レンタルはおすすめです。

「置きっ放し段ボール箱」は処分。別のものが収納できるスペースに

44

片づけサポートで伺ったお宅で、押し入れの中でよく見かけるのが、置きっ放しの段ボール箱です。講座でその話をしたら、受講生からも「うちにもあります！」「何が入っているかわからない」「5年前に引っ越してきたときから置きっ放し」という声が続出します。

まずは、ダンボール箱を開けて、何が入っているかチェックしましょう。中身が見えないので、何が入っているかわからず、開かずの箱になります。**もし必要なものなら外側の目立つところに、中身を書いておくのがいいでしょう。**

段ボール箱は倉庫などに保管されていたため、汚れていることがあります。保温性と保湿性に優れているので、害虫にとって好条件と聞きます。

私は、段ボール箱はできるだけ置きっ放しにしないようにしています。非常用の水は、段ボール箱から出してストレージボックスへ（139ページ参照）。お雛様は、段ボール箱からプラスチックのケース（61ページ参照。クローゼットに収納）に入れ替えました。コンパクトになり一石二鳥です。別のものに入れ替えるときは、何が入っているのかがわかるフタなしか、透明のケースを使うのがおすすめです。

また、置きっ放し防止のために私が心がけているのは、**商品が届いたときに、すぐに開けて中身を取り出し、段ボール箱を畳む**こと。そして、自治体のルールに従って、直近の資源回収日に出してしまいます。「あとでやろう」と溜めてしまうと面倒になるので、すぐやることが実はラクだと思っています。

◌「何かに使えるかも」の空き箱は処分する

同じく注意が必要なのは、空き箱。リビングにお菓子の空き箱が溜まりがちだとお伝えしましたが、多くのお宅の押し入れや納戸には、大きめの空き箱がたくさん入っています。家電の箱、靴の箱、バッグの箱、引き出物が入っていた箱、おもちゃの箱、ゲーム機の箱など、数えて見たら20箱以上出てきたお宅もありました。

空き箱は収納に使うつもりなら、すぐに使いましょう。「何かに使えるかも」ととっておくと使わないので、**目的が思いつかないものは手放す**ことをおすすめします。

また、「リサイクルに出すとき、箱があったほうが高く売れるから」と言う方もたくさんいますが、使い込んだものは、箱の有無で値段は大きく変わらないと聞きます。それに、いつ来るかわからない売るときを考えて、生活の場所を占領されるより、今を快適に過ごしたほうがいいと思いませんか。押し入れや納戸から空き箱がなくなると、その場所に他のものを収められて、部屋が広く使えます。

せっかく押し入れから出しても、今度は玄関に置きっ放しになっているお宅がありますす。そこで、講座などで必ずお伝えするのは、「空き箱も必ず次の資源回収日に忘れずに出しましょう」ということ。最後の仕上げを忘れずに。

45
絶対に無理しない。必ず「手放せる」ときが来る

ここまで、押し入れに溜まっていた思い出のものの手放し方を紹介してきました。私はずっと「**思い出のもの、思い入れのあるものは無理に捨てなくても大丈夫**。他に手放せるものがたくさんあります。まずは、そこから手放すと、片づける力がつき、思い出のものを手放せるときが必ず来ます」と言ってきました。

逆に、そのときが来ないうちに無理に捨てれば、「あのとき捨てるんじゃなかった」と後悔するはず。そうすると「もう失敗したくない」と思い、片づけから遠ざかってしまいます。

無理に捨てずとも、「手放してもいいかな」「もう手放そう」「なくても大丈夫」と思うときがやってくることを、受講生さんを見て感じます。107ページでお話しし

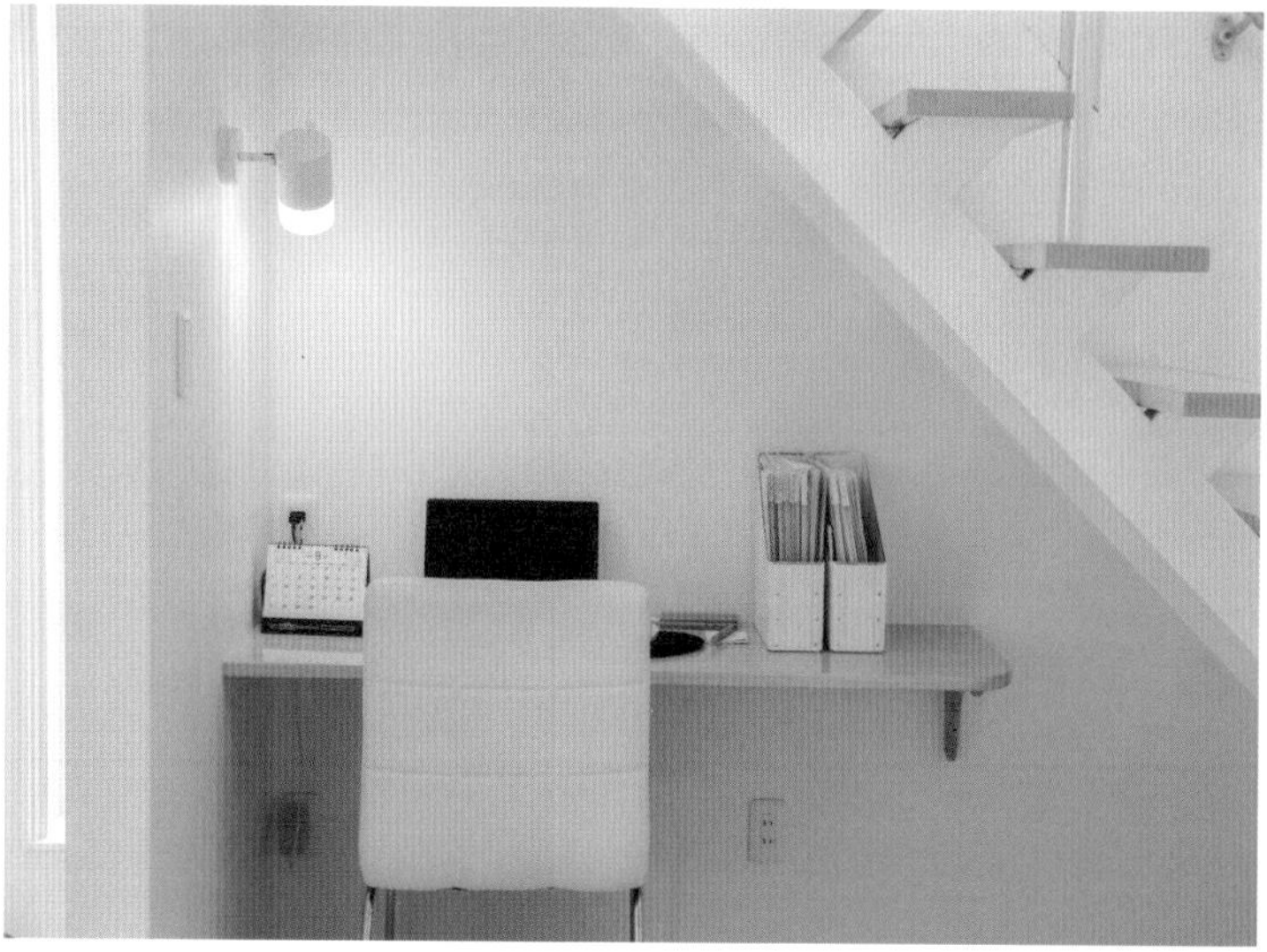

た、「捨てるものは何ひとつないんです」と言っていた方も、他のものを片づけているうちに、「使わない食器は手放そう」という気持ちに変わってきました。

その後も、押し入れに眠っていた盆提灯など思い出のものを、次々と手放していきました。「自分が死んだら、子どもたちが片づけに困るだろう」という思いから。もちろん、この思いはずっと持っていたのですが、なかなか決心がつかなかったそう。でも、**片づけているうちに、気持ちが固まっていったのです。**

◯遺品整理は、長いスパンで考える

遺品整理に関しては、無理をせず、気持ちが大丈夫になってから行うことが大切です。人によってその時期は違います。ある受講生さんは、おばあさまが他界してから10年間手つかずでした。でも、やっと気持ちの整理がついて遺品整理をしたとき、「久しぶりにおばあさんと会話できたような気がする」とうれしそうでした。

ご主人が亡くなった心の穴を埋めるために、遺品整理に没頭され、気持ちの整理もついた方がいます。亡くなったお母様の着物を整理できなかった受講生さんは、リメイク教室に通い始めて「母の着物をジャケットに蘇らせます」と話してくれました。片づけを始めていなければ、この発想は浮かばなかったと言います。

受講生さんを見ていると、時期はそれぞれでも思い出のものを「片づけられるとき」が必ず訪れます。でも、それは何もせずに訪れるわけではなく、片づけを始めて、ものと向き合うことで訓練されるのです。

特別編

片づけ実例
「ものが減って
ハッピーになった」

ものを減らして、片づけられた！
家だけでなく人生が変わった

この章では、私が開催している「ハッピーお片づけ講座」の受講生さんの中から、ものを減らして、本当に人生がハッピーになった3人の実例を紹介します。

「ものが多く、どこから片づけていいかわからない」と悩んでいた方々が、この本の順番通りに片づけた結果、どんどんものが減らせるようになり、家がスッキリしていきました。

最初は、片づけられないことにコンプレックスを感じ、表情も暗かったのですが、だんだん表情が明るく前向きになっていったのも、印象的でした。

そして、家がスッキリしたことはもちろん、友人を家に呼べるようになったり、家事がラクになったりと、いいことがいっぱいありました。さらに、災害時も安心できる、子どもに迷惑をかけなくて済むなど、シニア世代ならではの効果もありました。

ケース 1

定年退職を機に片づけをスタート。子どもたちの思い出のものも手放せた！

Kさん（60代）・夫婦2人暮らし

●Kさんの悩みは？

長年仕事を続けていて、常に時間がない日々を送ってきたので、家を片づけられなかったよう。定年退職をした次の月、私が開催している「ハッピーお片づけ講座」を申し込まれました。「人を呼べるのはトイレだけ」と笑いながら、お悩みを教えてくれました。

●片づける前のKさんの状態

これまで手つかずだった家には、ものがあふれていました。とくに、独立した2人のお子さんの思い出のものがたくさん残っていました。

●Kさんに提案したこと

いっぺんに片づけようとせず、無理をしないで少しずつ片づけることをアドバイス。とくに、お子さんの思い出のものは最後にしましょうと提案しました。

●実際の片づけプロセス

玄関、クローゼット、キッチンと順を追ってレクチャーし、その後、ご自身で家を片づけてもらいました。毎回、年代物の発掘がたくさんあったそう（笑）。

キッチンでは、お子さんが保育園時代に使っていた約40年前のスプーンやフォーク、30年前のフードプロセッサー、計量カップ10個、冷凍庫から50個の保冷剤が出てきたと、興奮気味に話してくださいました。

ものを減らしたら、2台あった冷蔵庫を1台手放すことができ、キッチンが広く使いやすくなりました。順番に片づけていくたびに、「本棚が3段空いたんです！」「スペースが空いて、扉の開閉ができるようになりました」と、少女のようなキラキラした瞳で報告がありました。

●Ｋさんの家が変わったこと

リビングに余裕ができたので、新たにダイニングテーブルを購入されました。「60代になり、床に座るよりは椅子のほうがラクなので」。お友達を家に呼びやすくなりました」。また、片づけて何がどこにあるのかわかるようになったので、暮らしやすくなったことはもちろん、災害時の安心感にもつながりました。

●Ｋさん自身が変わったこと

引き出しが片づいたらうれしくなり、用がなくても何度も開けてニッコリ。ハッピーな気持ちになってモチベーションが上がり、どんどん片づけが進みました。

そして、「いつかやろう」と最後にとっておいた子ども部屋を、お子さんたちと一緒に着手。たくさん手放すことができました。家中片づけてきたＫさん、「いつかなんて言っていられない！　今やらないでいつやるの？」という気持ちになったそうです。「片づけられない思い出のものも、必ず片づけられるときが来る」と教えられました。

家の片づけが落ち着いた頃、再就職が決まったようで、輝く笑顔でお仕事に励んでいらっしゃいます。人生１００年時代、素敵な女性のお手本です。

●Ｋさんからの感想

「なかなか手をつけられなかった、写真整理ができました。私の幼少時から結婚するまでのアルバムを、１冊のみにまとめることもしました。親の写真がどっさりあっても子どもたちは困りますものね。

昭和の時代はデジカメではなく『写真』でしたから、何が必要かを熟考しました。手放すのは勇気がいりましたが、私と夫のそれぞれ１冊ずつに。とてもスッキリして気持ち良かったです。

以前の私は、きちんと収納することこそが片づけと思っていましたが、これが全然気分が晴れない片づけで。不要なものまでとっておくような収納ではダメでしたね。

今は、不要なものを手放す勇気をいただき、生活しやすくなって快適です。しかも片づけていて、気づくことがいっぱいあります。生き方や人間関係も良くなっていくような気がしています」

リビングの出窓

Before

After

出窓につい色々置いてしまい、リビングが雑然と見えて…。ほとんど用事が終わった紙類だったので処分。電話機の子機とペン以外は置かないようにしました。

洗面台下

Before

After

使いにくい洗面台下を、「一目でわかる収納」に。つっぱり棒を2本つけ、ケースをかけて見やすく使いやすくしました。

ケース

2

70代からの挑戦！
片づけられたら、コンプレックスも解消できた

Mさん（70代）・1人暮らし

●Mさんの悩みは？

ずっと片づけが苦手で、散らかっているため、家にいるのが苦痛になるほどだったそう。片づけの本を何冊も買っては読み、自分なりに努力はしたものの、うまくいきません。Kさん同様、「ハッピーお片づけ講座」を申し込まれました。さらに1年後、もっと家を整えたいと、片づけサポートにも申し込まれました。

●片づける前のMさんの状態

初めてお会いしたとき、Mさんの表情は硬く、部屋の状況を話すときの口調からもつらさが伝わってきました。キッチンが散らかっているので、料理をしなくなり、お

弁当や外食の日々になっているとか。お孫さんに「おばあちゃんの家、どうしてこんなに汚いの？」と言われたときはショックだったそうです。

何をしていても、たとえ旅行中であっても、散らかった部屋が常に気がかりで、長年、片づけられない自分はだらしがないと思い続けてきました。年々、「自分が亡くなった後、散らかっている部屋を見られたくない。離れて住む娘に迷惑をかけたくない」という思いが強くなり、講座に参加されました。

●Mさんに提案したこと

まずは、「スッキリしたお部屋で何がしたいですか？」と質問をし、ものを減らした後の楽しいゴールをイメージしてもらいました。

お料理好きなMさんは、以前は家でおもてなしをされていたそうで、「また家に人を呼んで、お料理を振る舞いたい」という目標が見つかりました。趣味で集めたものも多かったので、「好きなものは無理に捨てない」を大切に、片づけを進めました。

●実際の片づけプロセス

Kさんと同様に、玄関、クローゼット、キッチンと順を追ってレクチャーし、その後、ご自身で家を片づけてもらいました。

●Mさんの家が変わったこと

最初に玄関を片づけたら、すぐにご近所さんから褒められたそうです。他の場所もどんどん片づけたくなり、次の講座の項目を先に片づけ始めてしまうほどでした。

キッチンが片づき家も整うと、得意のお料理でのおもてなしも実現しました。

片づけている途中で、ずっと探していた70年以上前のお父様からの手紙を見つ

◌ リビング

◌ 玄関

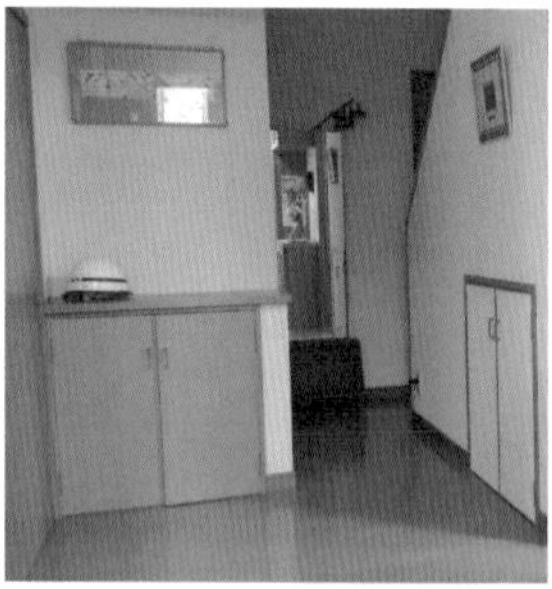

スッキリしたリビング（左）は、人を呼んでおもてなしもできます。玄関（右）はご近所さんに褒められることも。下駄箱の上のヘルメットは、災害用に常備しています。

キッチンシンク

Before

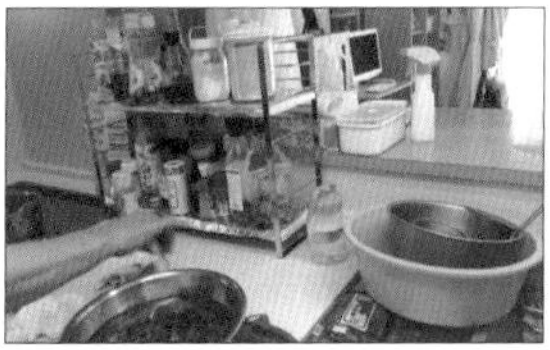

After

調理台が狭くて使いにくいのは、調味料をたくさん並べているからとわかり、よく使う調味料だけを残し、あとは真下の引き出しに収納。動線の良い「2カ所収納」で、調理台がスッキリして料理しやすくなりました。

クローゼット

クローゼット(バッグ・小物)

トップス、ボトムスなどアイテム別に分けて使いやすくなったクローゼット。一番下の段には「入院セット」が(左)。
家にある箱やブックスタンドを使い、バッグやスカーフを見やすく収納(右)。

け、すぐ神棚に飾ったとうれしそうに報告してくれました。

これまではとにかくものが多く、自分でも、どこに何があるかわかりませんでした。今後は、急な入院や万一のときでも、「家のものの位置を娘にも伝えられる」と、安心感を得ることができました。

●Mさん自身が変わったこと

1年後再会したとき、最初誰だかわからないくらい若々しく変身されていました。「だらしがない自分が嫌」と言っていたのが、「自分にも片づけられた！」と、初めて自信が持てるようになったそうです。家の心配がなくなり、趣味の幅も広がって人生を謳歌しています。

おひとりでここまで片づけたMさんですが、今後のことを考えたとき、「ずっと自分の家で暮らしたい。そのためにもっと身軽に使いやすくしたい」と、片づけサポートを希望され、さらに一緒に家を整えました。

●Mさんのその後

Mさんは膝を悪くされ、半年以上杖を手放せない生活に（今はお元気）。しかし、片づいた空間がMさんの身を守ってくれました。床は障害物がないので移動しやすく、キッチンは動線良く収納したので、痛い膝を曲げずに済みました。寝室を2階から1階にリフォームする際も、手間がかかりませんでした。

そして、片づけ力がついたMさんは、難関である着物の整理を完了されました。日頃からリサイクルを意識していましたが、着物は知人に譲って喜ばれたそうです。

「家をスッキリさせたい一心で片づけ始めましたが、片づいてきたら気持ちに余裕ができました。ものが多くごちゃごちゃしていたときは、イライラして気持ちの無駄遣いをしていました」

実は、Mさんとの経験を「片づけ大賞2019プロ部門」（片づけのプロの全国大会）に応募し、8名のファイナリストに選ばれ、2人で登壇しました。

ものを減らして片づけられたことで自信を得て、大きなステージで発表する勇気が出たようです。惜しくもグランプリは逃しましたが、多くの方へ、「早く片づけを終えたほうがいい！　終えるとラクですよ」と声を大にして言いたいそうです。

歳を重ねて、ますます快活な毎日を送るMさんは、私の目標とする姿です。

ケース

3

家がスッキリしただけでなく、家族が、自分自身が変わった！

Sさん（50代後半）・夫、息子2人、夫の母の5人家族

●Sさんの悩みは？

家中にものがあふれ、どう片づけていいかわからなかったSさん。ものに邪魔されて開かない棚の扉があったり、空き箱が積まれた茶箪笥は、扉を開ければ雪崩が起きたり……。どうにかしたいと、「ハッピーお片づけ講座」に参加されました。

●片づける前のSさんの状態

「どれもこれも捨てられないんです、どうしたらいいでしょうか？」と困り顔のSさん。ご自分のもの以外に、ご家族のものも気になっているご様子でした。

●Sさんに提案したこと

初めに「人のものではなく、自分のものに集中しましょう」とお伝えしました。そのうえで、壊れているもの、傷んでいるものから手放すことを提案しました。

●実際の片づけプロセス

玄関からスタート。「傷んだ靴を処分したら、夫が新しい靴を買ってくれました」とSさん。早速効果が表れ、やる気に火がついた様子です。

次に、「ものがなかなか捨てられない」とのことなので、具体的な数を提示して、

◌ 玄関

◌ 玄関コーナー

たたきに靴がない、スッキリした玄関。下駄箱の上を大好きなコーナーにしたら、ご近所さんに褒められ、それが励みになってきれいをキープしています。

すぐに取りかかれるように、アドバイスしました。たとえば、「いつか着るかもと洋服が捨てられない」→「着古して傷んだ洋服を3着手放してみませんか」

「昔流行った丈の長いワンピースは、直して着たほうがいいか迷っている」→「あと1カ月経っても直していなければ、手放してはいかがですか」

最終的に、思い出のある洋服も手放せたというSさん。「今、その洋服がなくても1ミリも困らない自分がいます。なぜあんなに悩んだのか不思議です（笑）」。

●Sさんの家が変わったこと

家がスッキリしただけでなく、家族が変わったそうです。「夫、息子が見直してくれて、『最近家がきれいで気持ちがいいね！　散らかせなくなった』ですって」と、Sさんは「うふふ」とうれしそうでした。

さらに、お姑さんが「片づけてくれてありがとう」と言ってくれたよう。「キッチン用品は、義母のこだわりがあるため勝手に手放すことはできませんでしたが、一部のものは、『好きなようにしていいよ』と初めて言ってもらえたんです」とSさん。

●Sさん自身が変わったこと

10年以上手つかずだった玄関、キッチン、駐車場、廊下、洗面所、お風呂、テレビまわり、大きな棚が全部片づきました。

「その後、お葬式があったのですが、片づけた効果を実感。喪服など一式をスムーズに用意でき、素早く駆けつけて、大事な人の供養に専念することができました。講座前なら『あれどこだっけ？　とりあえず買っちゃえ』となっていたと思います」

●Sさんからの感想

「不要なものを手放せるようになってから、一番変わったのは何事にも『執着』しなくなったこと。自分の思い通りにいかなかったとき、『人それぞれやり方がある』『誰が見てなくても、がんばったことは無駄にならない』『上手くいかなかったことにも何か意味がある』と、思えるようになりました」

片づけを通して、様々な気づきがあったSさん。今のSさんがハッピーであることを、輝く笑顔が教えてくれます。

子ども世代必読！実家の片づけのための7ポイント

この本は、シニア世代が自分で片づけられるようになるメソッドを紹介しています。でも、本を手にとってくださった読者の方の中には、「親に片づけてもらいたい」と思っているお子さん世代もいるはずです。

そこで本書の最後に、「実家の片づけがうまくいく」ポイントをお話ししたいと思います。全部実践できなくても、できることから取り入れてみてください。

1 家にある自分のものから片づけ始める

実家にご自分のものがある場合は、そこから片づけ始めましょう。ご自分のものから取りかかれば、親御さんも納得します。ものを手放してスッキリした部屋を見たら、「私もやってみよう」と親御さんも思うはずです。

2 親の生活を心配していることを伝える

親御さんが片づけたいと思っていないときは、無理強いはしません。「片づけをしないとつまずいて危険だよ」とか「おうちの中を使いやすくしてみない？　これからは家事をラクしようよ」と、毎日の生活を心配していることを伝えてみましょう。

3 自分の片づけではなく、親の片づけだと忘れない

「こんな散らかった状態で、親の今後のことが不安」と思うと、つい焦って自分目線になってしまいます。「こんなものいらないよね？　捨てたら？」と親御さんに言ってしまいがち。すると、親御さんは「何でも捨てられてしまう」と思って、片づけるのがますます嫌になります。

大切なのは、捨てる判断は持ち主がすること。「無理に捨てなくていいよ」と言ってあげると、親御さんの不安も払拭。自分で決めて、捨てられるようになります。

4 親子で役割分担をする

実際に片づけ始めたら、お子さんが棚や押し入れからものを出してあげて、親御さ

んに「いる・いらない」を判断してもらいます。こんな流れ作業にすると、スムーズです。

①お子さんが棚などからものを出す→②親御さんが「いる・いらない」を判断→③お子さんが燃えるゴミ、資源回収などのゴミ袋をセット。親御さんが入れやすくする→④お子さんが口を締める、紐でまとめるなどし、ゴミ置き場に移動。次の収集日にゴミを出しやすくしておく。

②のときに、できれば近くにいて、「こんなものが出てきたわ」と言われたら、「そんなのいいから」ではなく、「すごいね」と相槌を打ってあげます。親御さんの弾みがついて、「いる・いらない」の判断が早くなるはずです。

5 思うように進まなくて当たり前と思う

今まで、ものが捨てられなくて苦労してきたので、スムーズに片づけが進まないのは仕方がない、くらいに思っておくと、ケンカになりにくいものです。子ども世代はサクサクとものを手放せますが、親世代はものに対して思い入れが強いので、時間がかかります。子どもが小さい頃の思い出のもの、さらに自分が子どもだった頃のものが出てきたりして、その都度、手が止まるのです。思い出話にもつき合うなど、とにかく気長に。少しでも減らせればいいというスタンスで進めます。

6 怒らないと決める

なかなか進まないと、つい怒ったような口調になります。でも、ケンカになるのは逆効果。それよりは、できたことを少し大げさに褒めるようにします。「今日はがんばったね」「ものが減らせてスッキリしたね」など、自分のお子さんに片づけを教えるような感覚で、声がけします。

7 1回の作業時間は3時間までにする

お互いの体力、気力を考えて、1回の作業時間は3時間までとして、次に回しましょう。引き出し1個、棚1段からでいいのです。「引き出しがスッキリした」と小さいスペースでも達成感を味わうと、もっと片づけたくなるものです。

〈著者紹介〉

阿部静子（あべ・しずこ）

◇—整理収納アドバイザー・フリーアナウンサー。宮城県仙台市生まれ・在住。旅行会社での添乗員や航空会社地上職を経て、フリーアナウンサーとして活動。添乗員時代は恐山などシニアツアーを数多く経験。28歳のときにミヤギテレビ「OH!バンデス」初代リポーターとなり、結婚・出産を経験しながら16年間務めた。

◇—49歳のときに、思いがけない体調不良で休養することに。人生初の長期休養に危機感を感じ一念発起。この機会に何か身につけようと考えたところ、元々片づけが苦手だったことから、整理収納アドバイザーの資格を取得。その後「片づけた先にあるハッピーを多くの方にお伝えしたい！」「元片づけ苦手な自分だから伝えられることがある」と活動を開始する。

◇—「すぐ片づけたくなる」「ラクにできる」「ハッピーになれる」片づけメソッドは講座で大人気であり、現在拠点である宮城県を中心に4年間で5000人以上の指導を行う。整理収納アドバイザー2級認定講師 2019年度優秀講師として表彰され、日本全国に受講生がいる。実際のお宅に伺う「片づけサポート」も行う。
整理収納コンペティション2019プロ部門 ファイナリスト
片づけ大賞2019プロ部門 ファイナリスト

【ブログ】部屋にも自分にも自信が持てる！整理・収納術
https://ameblo.jp/shizuko-happylife/

ハンカチは5枚あればいい

2020年12月10日　　第1刷発行

著　者——阿部静子

発行者——徳留慶太郎

発行所——株式会社すばる舎

〒170-0013 東京都豊島区東池袋3-9-7 東池袋織本ビル
TEL　03-3981-8651（代表）　03-3981-0767（営業部）
振替　00140-7-116563
http://www.subarusya.jp/

印　刷——ベクトル印刷株式会社

ISBN978-4-7991-0940-3